Konrad Paul Liessmann | Zukunft kommt!

Konrad Paul Liessmann

ZUKUNFT KOMMT!

*Über säkularisierte Heilserwartungen
und ihre Enttäuschung*

BIBLIOTHEK DER UNRUHE UND DES BEWAHRENS · BAND 13

:STYRIA

© 2007 by Styria Verlag in der Verlagsgruppe Styria GmbH & Co KG,
Wien – Graz – Klagenfurt
www.styriaverlag.at

Umschlaggestaltung und Layout: Stefan Fuhrer.
Logo-Entwurf: Peter Strasser.
Produktion: Helmut Lenhart.
Druck und Bindung: Druckerei Theiss GmbH, A-9431 St. Stefan.
ISBN 978-3-222-13212-4

INHALT

Dann wird das Himmelreich gleich sein zehn Jungfrauen,
die ihre Lampen nahmen und gingen aus,
dem Bräutigam entgegen.
Aber fünf unter ihnen waren töricht, und fünf waren klug.
Die törichten nahmen Öl in ihren Lampen;
aber sie nahmen nicht Öl mit sich.
Die klugen aber nahmen Öl in ihren Gefäßen
samt ihren Lampen.
Da nun der Bräutigam verzog, wurden sie alle schläfrig
und schliefen ein.
Zur Mitternacht aber ward ein Geschrei:
Siehe, der Bräutigam kommt; geht aus ihm entgegen!
Da standen diese Jungfrauen alle auf und schmückten
ihre Lampen.
Die törichten aber sprachen zu den klugen:
Gebt uns von eurem Öl, denn unsere Lampen verlöschen.
Da antworteten die klugen und sprachen:
Nicht also, auf daß nicht uns und euch gebreche;
geht aber hin zu den Krämern und kauft für euch selbst.
Und da sie hingingen, zu kaufen, kam der Bräutigam;
und die bereit waren, gingen mit ihm hinein zur Hochzeit,
und die Tür ward verschlossen.
Zuletzt kamen auch die anderen Jungfrauen und sprachen:
Herr, Herr, tu uns auf!
Er antwortete aber und sprach: Wahrlich ich sage euch:
Ich kenne euch nicht.
Darum wachet; denn ihr wisset weder Tag noch Stunde,
in welcher des Menschen Sohn kommen wird.

(Matthäus 25,2ff.)

So viel Zukunft war nie. «Zukunft» ist in den letzten Jahren zu einer der am meistverwendeten Vokabeln geworden, deren Omnipräsenz vor allem in mehr oder weniger originellen Komposita zum Ausdruck kommt. Der Begeisterung für die Zukunft verdanken wir so schöne Worte wie *Zukunftsfähigkeit* und *Zukunftsbereitschaft*, durch die die *zukunftsängstlichen Zukunftsverweigerer* bekehrt oder eingeschüchtert werden sollen, denn eines ist klar: *Zukunft kommt.* Für die Langsamen aber gilt: Ehe sie sich versehen, werden sie die Zukunft versäumt haben. Damit dies nicht geschieht, kann man unter *zukunft.at* im Internet nachschauen und findet das Parteiprogramm der ÖVP, oder man beginnt – zuerst wohl als Lehrling – in der *Zukunftswerkstätte* der SPÖ mit Zukunft zu hantieren. Ganz Gewitzte traten deshalb gleich einer *Zukunftskommission* bei oder heuerten im *Zukunftsministerium* an, aber leider war diesen Einrichtungen keine große Zukunft bestimmt. Und ob es noch zukunftsträchtig ist, mit der *Zukunft* ein *Bündnis* für *Österreich* schließen, muß man eher bezweifeln. Deshalb sollte man die Zukunft auch im großen Stil angehen, etwa mit einem Besuch von *zukunfteuropa.at*, da landet man auf der «Informationsseite» des Bundeskanzleramtes, wo bekanntgegeben wird, daß «Europa» Geburtstag feiert. Zukunft für diesen Kontinent gibt es also tatsächlich schon seit 50 Jahren, und das beruhigt doch einigermaßen. Wer nicht nur über einen Internetanschluß, sondern auch über Geld verfügt, sollte allerdings weniger nach der Zukunft Europas fragen, sondern lieber gleich in *Zukunftstechnologien* investieren, wenn man nur wüßte, wie diese aussehen. Dieses Wissen erübrigt sich aber angesichts der frohen Botschaft der Konzerne: *Zukunft passiert* und *Zukunft ist jetzt.* Was das aber für eine Zukunft sein soll, die man schon jetzt in jedem Themen- und Medienpark am Rand der Großstädte besichtigen kann, wollen wir lieber nicht fragen. Das ist auch nicht notwendig, denn gleichgültig, wie die Antwort lautete, es gilt immer: Die *Herausforderungen der Zukunft* müssen angenommen werden. Und damit dies nicht zu schwer wird, hilft wie immer und überall im Leben positives Denken: «Zukunfts-Optimismus» ist wieder einmal angesagt, wenn auch, verräterisch genug, mit dem modischen, dummen und falschen Bindestrich.[1]

Unter den Tempora hat Zukunft momentan die beste Nachrede. Während Vergangenheit belastet, mühsam erinnert und dann auch noch bewältigt werden muß – und was immer man von der Wortwahl halten mag, sie klingt nach unangenehmer Anstrengung – und die Gegenwart überhaupt keine Rolle mehr zu spielen scheint, ist Zukunft nahezu ausschließlich positiv besetzt: Zukunftsindustrien orientieren sich an ihr ebenso wie Zukunftsberufe, und wer in Politik oder in Wirtschaft etwas auf sich hält, macht sich, sein Unternehmen, sein Land und die Bevölkerung fit für Zukunft. Und wer untermauern will, daß er *jetzt* etwas Wichtiges tut, behauptet: Es hat Zukunft. Kein Wunder, daß sich die Zukunft mittlerweile auch als Verein organisieren läßt. Ganz neu ist das übrigens nicht, denn immerhin hatte

Richard Wagner schon im 19. Jahrhundert «Zukunftsmusik» geschrieben. Daß diese heute manchem als der Inbegriff des Vergangenen erscheint, sollte uns allerdings vorsichtig stimmen: Nichts verschwindet so schnell wie die Zukunft – ja, es gehört geradezu zum Wesen der Zukunft, sich selbst zu vernichten. Zukunft kann nicht Zukunft bleiben, sonst wäre es keine Zukunft.

Dem inflationären Gebrauch der «Zukunft» korrespondiert dabei eine denkbar enge Verwendung dieses Begriffs: Zukunft wird gegenwärtig fast ausschließlich über technische Innovationen und ihre Märkte definiert. Nur im Zusammenhang mit neuen Produkten, neuen Techniken, neuen Technologiezweigen und neuen Märkten läßt sich aktuell über Zukunft sprechen. Zukunft haben die Telekommunikationsindustrien und die Biotechnologien, Zukunft haben E-Commerce und Genetik, Zukunft haben Hirnforschung und Nanotechnologie, Zukunft haben die Märkte in Osteuropa und Südostasien. Diese Koppelung von Zukunft an Markt und Technik unterscheidet den modernen Zukunftsbegriff übrigens von dem älteren Begriff der Utopie, der in erster Linie auf die Perspektive einer anderen Sozialordnung setzte. Wer sich heute bereit erklärt, die Herausforderungen der Zukunft anzunehmen, meint damit in der Regel, daß die sozialen Folgekosten technischer Innovationen und expansiver Marktstrategien in Kauf genommen werden müssen. Die Frage, die angesichts der Risiken mancher Großtechnologien einmal gerne gestellt wurde, ob denn die auf Technik reduzierte Zukunft überhaupt zukunftsfähig sei, hat freilich unter diesen Bedingungen keine Zukunft mehr.

Zukunft wird darüber hinaus gerne mit Beschleunigung assoziiert. Was nicht selbst schnell kommt und dabei verspricht, daß etwas schneller werden wird, hat keine Zukunft. Im weltweiten Karussell des Wettbewerbs kann sich nur behaupten, wer schneller ist als der andere. Der Gedanke, daß es genügen könnte, gleich schnell zu sein, ja daß es vielleicht sogar sinnvoll sein kann, zu warten, ist mittlerweile untragbar geworden. Mit der Reduktion von Zeit auf Beschleunigung und mit dem Begriff des Vorsprungs, den es zu erringen gilt oder der verloren gehen könnte, als einzige gültige Zeitordnung, verschwindet aber die Zeit als komplexe soziale und psychische Dimension menschlichen Lebens. Keine Zeit zu haben, wird zum auch individuell spürbaren Merkmal einer Gesellschaft, die sich über ihre Zukunftstechnologien suggeriert, die Zeit im Griff zu haben. Tatsächlich vernichtet die Beschleunigung aber auch die Zukunft selbst. Während die Vergangenheit in den Archiven und Speicherplätzen zunimmt und immer mehr wird, wird Zukunft, gerade je schneller sie sich uns nähert, immer weniger. Das Insistieren darauf, daß die Zukunft immer schon begonnen hat, läßt eigentlich keine zukünftige Zukunft mehr zu. Was uns heute als Zukunft versprochen wird, ist morgen schon Vergangenheit, was uns heute als Erwartung entgegenkommt, kann morgen schon zu einer Belastung geworden sein. Und immer gilt, und dies sollte vorsichtig stimmen: Jede Vergangenheit, auch noch die erbärmlichste, war selbst einmal – Zukunft.

Die Bestimmung der Zukunft ist es zu kommen und damit zur Gegenwart, gleich darauf aber zur Vergangenheit zu werden. Zukünfte, denen diese Aufhebung ihrer selbst nicht gelingt, bleiben deshalb auch außerhalb des Zeithorizonts hängen: als uneingelöste Versprechen, versunkene Utopien, vergessene Hoffnungen, ausgebliebene Erlösungen. Solche Zukünfte haben, wenn man nüchtern geworden ist, keine Zukunft mehr, ihr Eintreten in den Horizont der Gegenwart wird nicht mehr erwartet. Die Vergangenheit, so könnte man sagen, ist voll von nicht eingetretenen Zukünften. Das meiste von dem, was Menschen von der Zukunft erhofft oder befürchtet haben, hat sich nicht erfüllt. Ein Blick in die Futurologien aller Zeiten genügt, um dies zu bestätigen. Das dämpft zwar weder Zukunftseuphorien noch Zukunftsängste, generiert aber einen ständig wachsenden Friedhof abgestorbener Zukünfte, die als gespenstische Widergänger durch die Geschichte taumeln. Jede Zukunft speist sich ihrem eigenen Pathos zum Trotz nicht aus der zukünftigen Zukunft, sondern aus dem ungeheuren Reservoir uneingelöster, ungekommener Zukünfte. Alles, was nicht geworden ist, aber als eine Möglichkeit des Seins einmal gedacht worden war, kann als nahende Zukunft reaktiviert werden. Wer hätte noch vor Jahren gedacht, daß das Konzept gesellschaftlicher Eliten, das letztlich einer feudalen Sozialordnung entspringt, am Beginn des 21. Jahrhunderts eine Renaissance erfahren würde? Andererseits: So tot etwa die sozialistischen Utopien des 19. Jahrhunderts uns heute dünken – einige dramatische Wendungen im Prozeß der gesellschaftlichen Entwicklungen könnten genügen, und die Zukunft würde wieder so rot, wie sie schon einmal war. Zukünfte, und das wird uns noch beschäftigen, sind nicht zu trennen von

Renaissancen, Wiederkehren, Wiederholungen und Wiederkünften aller Art.

Allerdings: Zukunft fällt nicht damit zusammen, daß Menschen etwas planen können, Ziele haben, ein Vorhaben verwirklichen wollen. Wer sich vornimmt, etwas in absehbarer Zeit zu tun, wartet nicht auf die Zukunft, erhofft sich auch nichts von der Zukunft, sondern zollt nur der Einsicht Tribut, daß nicht alles schon jetzt getan werden kann. Daß es ein Morgen gibt, ist zwar, wie David Hume wußte, eine logisch nicht gerade zwingende Annahme, aber aus Gewohnheit rechnen wir mit diesem Morgen und legen das eine oder andere für dieses Morgen fest. Der Zukunftsgehalt ist dabei eher gering, denn meistens plant man für das Morgen ohnehin das, was man auch heute schon getan hat. Sieht man einmal von dem Sonderfall ab, daß man Dinge, die man tun könnte oder tun sollte, aber nicht tun will, als Zukunftsprojekte formuliert, gerade um sie nicht tun zu müssen, bedeutet die Fixierung eines Ziels und die Überlegung, wie dieses Ziel zu erreichen ist, nicht mehr, als daß auch Handlungen in der Zeit erfolgen müssen: Manches dauert eben. Die Differenz zwischen Absicht und Realisierung ist eine andere als die von Gegenwartsbefindlichkeit und Zukunftserwartung. Wer Erwartungen an die Zukunft hat, für den wird die Zukunft zu einem Problem, mit dem er sich auseinandersetzen muß. Wer kurz- oder mittelfristig etwas ins Auge faßt, das er tun könnte und zu dem er auch die Mittel hat, hat damit erst einmal seine Gegenwart aus jeder möglichen Krise befreit: Man weiß *jetzt*, was man tun *wird*. Peter Sloterdijk hat den einprägsamen Gedanken formuliert, daß die ersten Projekte, die wohl intendiert, aber nicht unmittelbar realisiert werden konnten, aus Zorn geborene Racheprojekte waren, die nicht gleich erledigt werden konnten: «Der Zornige, der sich zurückhält, ist der erste, der weiß, was es bedeutet, etwas vorzuhaben.»[2] Wer, verletzt oder beleidigt, beschließt, sich zu rächen, muß damit rechnen, daß er warten muß. Es ist etwas anderes, auf die Zukunft zu warten, als auf eine Gelegenheit zur Rache. Sergio Leones legendärer Film *Spiel mir das Lied vom Tod (Once Upon a Time in the West)* aus dem Jahr 1968 hat diesen Zusammenhang von Rache und Warten in allen denkbaren Nuancen durchgespielt: Irgend jemand wartet immer. Solches Warten allerdings kennt keine Langeweile, ganz im Gegenteil: «Wer einen festen Rachevorsatz in sich trägt, ist vor Sinnproblemen bis auf weiteres sicher.»[3] Er ist, nimmt man es genau, auch vor der Zukunft sicher: denn sein Racheschwur hält auch diese fest im Griff.

Nähme man den Begriff der Zukunft ernst, wüßte man darüber allerdings nichts zu sagen. Da Zukunft in der Zukunft liegt, bleibt sie uns prinzipiell verschlossen. Da wir also nicht wissen, wann aus Zukunft Gegenwart geworden ist, läßt sich auch nicht mit letzter Bestimmtheit sagen, was keine Zukunft mehr hat. Eine grundlegend irritierende Erfahrung des modernen Menschen, der sich auf einer eindeutig gerichteten Zeitlinie wähnt, ist die Konfrontation mit Erscheinungen aus der Zukunft, die er eigentlich schon hinter sich glaubte. Für das moderne Bewußtsein etwa war Religion ein Vergangenes. Nun kommt sie aus der Zukunft. Und das Schönste daran: Der gebannte Blick auf die Zukunft ist selbst ein veritables Stück transformierter Religiosität: eine säkularisierte Heilserwartung. Ohne den jüdisch-christlichen Gedanken an ein Heil, das sich ereignen, auf die Menschen zukommen wird und für das die Menschen sich bereithalten müssen, ohne Messias, ohne die Erwartung der Wiederkehr Christi, ohne Eschatologie und Chiliasmus, ohne Apokalypse und Jüngstes Gericht, ohne Heilserwartung und Hoffnungsspirale gibt es keine moderne Vorstellung von Zukunft, keine katastrophale und keine triumphierende, keinen Zukunftspessimismus und keinen Zukunftsoptimismus. Das biblische Gleichnis von den klugen und törichten Jungfrauen aus dem Matthäusevangelium, die auf den Bräutigam warten, vorbereitet die einen, nachlässig die anderen, kann deshalb auch als Leitmotiv einer Zukunftsvorstellung gelten, in der es weniger um konkrete Ausformulierung von Hoffnungen, Erwartungen und Ängsten geht als vielmehr um eine Haltung: Jemand wird kommen, wir wissen nicht wann, aber wir haben darauf vorbereitet zu sein.

Vom kommenden Gott bleibt allerdings nur die Vision des Kommens selbst: Zukunft, so unbestimmt wie unausweichlich. Etwas kommt. Mehr kann dazu nicht gesagt werden. Messianismus auf dem absoluten Nullpunkt seiner Emphase. Vom Erlöser ist in der Moderne nicht viel mehr übriggeblieben als ein substantivierter Infinitiv: das *Kommen*. Kein Gott und kein Teufel sind in Zukunft zu erwarten, sondern es ist das reine, leere, aber genauso unerbittliche Kommen selbst, dem wir uns zu stellen haben – was immer es bringen wird. Dafür gilt es gerüstet zu sein. Das Pendant zu den klugen Jungfrauen ist deshalb der moderne Mensch, der *Zukunftsvorsorge* als seine eigentliche Lebensaufgabe begreift. Für die Gegenwart bleibt da wenig Platz. Das ist auch der Grund dafür, daß es momentan keine griesgrämigeren Menschen auf dieser Erde gibt als die selbsternannten Zukunftsoptimisten. Das, was noch nicht ist, vielleicht nie sein wird, ist wahrlich eine dünne Suppe. Wer davon leben muß, hat nichts zu lachen.

Weil Zukunft eine säkularisierte Heilserwartung ist, reagieren wir darauf mit ebenfalls säkularisierten religiösen Stimmungen: mit der Erlösungssehnsucht der Euphoriker und Optimisten und der Apokalypsefurcht der Depressiven und Pessimisten. Bei jeder technischen Innovation, die als Einbruch der Zukunft in die Tristesse der Gegenwart begriffen werden darf, sind deshalb mit schöner Regelmäßigkeit beide Reaktionen zu beobachten, oft in einer Sprache formuliert, die ihre religiösen Konnotationen gar nicht verbirgt. Ob es sich um moderne Kommunikationstechnologien oder die Biowissenschaften handelt – sie werden entweder die Menschen intelligenter, sozialer, gesünder, langlebiger und glücklicher machen oder die Kulturen zerstören, die Spaltungen verstärken, die Weltbürgerkriege intensivieren und das Ende näher rücken lassen. Als Spaßverderber gilt, wer sich weder von euphorischen Hymnen noch von apokalyptischen Ängsten beeinflussen läßt, sondern seinen Blick auf das richtet, was sich jenseits der raschen Bewegungen der Märkte und Technologien, die mit Zukünftigkeit verwechselt werden, als entscheidende Momente der *conditio humana* aus der Vergangenheit durch die Gegenwart in die Zukunft durchsetzen wird.

2. OHNE TOD KEINE ZUKUNFT

Warum haben wir überhaupt Zukunft? Die erste Antwort, die wir geben müssen, ist paradox: Wir haben Zukunft, weil wir keine Zukunft haben. Oder anders formuliert: Alles, was wir von der Zukunft mit Sicherheit wissen, ist, daß wir sterben werden. Oder noch anders formuliert: Weil wir um unseren Tod wissen, wird uns die Zukunft zum Problem. Wie füllen wir die Spanne zwischen dem Jetzt und dem Tod, von dem wir nicht wissen, wann er uns ereilen wird? Wir haben also Zukunft, weil wir wissen, daß unsere Zeit ablaufen wird. Gleichzeitig will niemand dieses *faktum brutum* bis in die letzte Konsequenz zur Kenntnis nehmen. Wir denken deshalb immer über den Tod hinaus. Ob wir Unsterblichkeitsphantasien entwickeln, an unserem Nachruhm arbeiten oder in lebensverlängernde medizinische Technologien investieren: All dies dient dazu, dem Tod nicht ins Auge blicken zu müssen. Damit gewinnt Zukunft eine zusätzliche Dimension: Es ist die Überschreitung der Zeit, die uns zu leben vergönnt ist. Zukunft ist die Antizipation eines Zustandes, in dem wir nicht mehr sein werden. Nur weil die Menschen den Tod nicht akzeptieren können und nach ihrem Tod weiterleben möchten, entwerfen sie Zukünfte, die tatsächlich in der Zukunft liegen. Sie erhoffen sich für zukünftige Generationen das Beste oder befürchten für diese das Schlimmste, sie arbeiten jetzt an Entwicklungen, deren Resultate sie nie erleben können. Gerade für ein pragmatisches, im wesentlichen an der Ökonomie und der Idee der Effizienz orientiertes Zeitalter scheint es höchst merkwürdig zu sein, auf eine Zukunft zu setzen, die den eigenen Erfahrungshorizont übersteigt.

Die Fähigkeit des modernen Menschen, sich einer Zukunft zu unterwerfen, die nicht mehr seine sein wird, ist in der Tat bewundernswert. Galt die Sehnsucht des Christen – Kierkegaard hat darauf mit Nachdruck aufmerksam gemacht – seinem *ewigen* Seelenheil, so gilt die Sehnsucht des säkularisierten Menschen einer Zukunft, die ihn eigentlich nicht mehr tangieren wird. Allein durch den Hinweis, daß Menschen eben für ihre Kinder und Kindeskinder das Beste wollen, ist dieser Glaube an die Zukunft nicht zu erklären. Es geht schon auch um den Trost, der darin liegt, jetzt für das Zukünftige zu leben, weil in diesem Zukünftigen die Endlichkeit und Beschränktheit des eigenen Daseins aufgehoben erscheint. Das Wissen darum, daß es Zukunft geben wird, gibt wenigstens zum Schein einem Leben Zukunft, dessen Zukunft begrenzt ist. Daß es ausschließlich um diesen Schein geht, erklärt auch, daß gerade die moderne Industriegesellschaft keine Probleme damit hatte und hat, im Setzen auf die Zukunft als Ideologie die realen Grundlagen für zukünftiges Leben auf der Erde nachhaltig zu zerstören. Das erklärt auch das Paradoxon, daß höchst riskante und destruktive Technologien als Zukunftsträger gelten, während etwa ökologische Strategien, die tatsächlich Zukunft sichern helfen könnten, als konservativ, bewahrend und zukunftsfeindlich denunziert werden. Die Zukunft liegt im weltweiten Siegeszug des Automobils, auch wenn dieser den zukünftigen Generationen womöglich die Luft zum Atmen nehmen wird. Umgekehrt leben die Warnungen der Ökologen genauso von negativen Zukunftsvorstellungen, die als säkularisierte Apokalypsen den Menschen aufrütteln sollen. Die Zukunft fungiert so als eine positive oder negative Zielvorstellung, die handlungsmotivierend ist, gerade weil dieses Ziel für die Akteure nicht erreichbar ist. Die Voraussetzung für jede Zukunftseuphorie, aber auch für jede veritable Zukunftsangst liegt in der Unmöglichkeit von Zukunft. Entscheidend ist nie, was sich in Zukunft ereignen wird oder was die Zukunft bringen wird, sondern allein, was sich in der Vorstellung der Menschen als Zukunft festgesetzt hat.

Zukunft ist eine Dimension des Zeitbewußtseins. Aber was heißt das? Und was wissen wir über die Zeit, ohne die es auch keine Zukunft gäbe? Physikalische Zeittheorien spielen für unsere Betrachtung vorerst eine untergeordnete Rolle. Für den sozialen, politischen und psychischen Umgang mit Zukunft ist noch immer die Reflexion der Zeit, wie sie Aurelius Augustinus vorgeführt hat, von entscheidender Bedeutung. Wenn Augustinus über alle Fragen der christlichen Philosophie hinaus Bedeutsamkeit beanspruchen kann, dann nicht zuletzt, weil er einer der ersten war, der versucht hatte, das Problem der Zeit in einer nahezu modern anmutenden Weise zu durchdenken. Ausgangspunkt dafür war eine naheliegende, aber doch etwas blasphemisch klingende Frage: Was tat Gott, bevor er Himmel und Erde schuf? Es geht dabei um das nur vordergründig schöpfungstheologische Problem, ob der Akt der Schöpfung ein Akt in der Zeit war oder ob durch den Akt der Schöpfung die Zeit überhaupt erst mitgeschaffen worden ist. Modern formuliert lautet die Frage: War der Urknall des Universums ein Ereignis in der Zeit oder eines, das die Zeit überhaupt erst generierte? Augustinus bemerkt nun dazu: «Ich gebe nicht die Antwort, die einst jemand gegeben haben soll, der mit einem Scherz dieser drängenden Frage auswich: [Gott] machte Höllen für die, die solche Geheimnisse ergründen wollen. Doch Witze helfen nicht zum Wissen. Nein, diese Antwort gebe ich nicht, denn lieber würde ich antworten: Was ich nicht weiß, weiß ich nicht, als daß ich den verspottete, der Geheimnisse ergründen will, und für verkehrte Antworten mich loben ließe. Aber ich sage: Du, unser Gott, bist Schöpfer aller Kreatur, und wenn die Worte Himmel und Erde ein Inbegriff aller Kreatur sind, sage ich getrost: Ehe Gott Himmel und Erde machte, machte er nichts.»[4]

Das Nichts, das Gott machte, ist ernst zu nehmen. Wo nichts gemacht wird, ist auch Nichts. Damit hat Augustinus eine erste Antwort auf die Frage nach der Zeit gegeben. Nämlich: Die Zeit ist kein ewiges Prinzip, die Zeit ist Moment der Schöpfung. Es gibt keine Schöpfung in der Zeit, vor der Schöpfung hat Gott nichts gemacht, es war nichts da; es war erst etwas, als geschaffen worden war. Mit der Schöpfung wurde auch Zeit geschaffen – modern gesagt: Die Zeit ist selbst eine Funktion des Universums. Die Frage, was war *vor* dem Urknall, ist genauso unsinnig wie die Frage, was tat Gott, bevor er Himmel und Erde schuf, denn vor dem Urknall, der «Schöpfung» hat es keine Zeit gegeben. Es gab, so Augustinus, kein *Bevor*, sondern das, was vorher war, war *Ewigkeit*: Augustinus bestimmt Ewigkeit nicht als unendliche Zeitdauer, sondern als das Außerhalb-von-Zeit-Sein. Ewigkeit ist das Zeitlose, das Nicht-Zeitliche, deshalb das nicht zu Verzeitlichende.

Augustinus versucht nun, die Zeit zu analysieren, und fragt sich: «Was ist Zeit? Wer könnte das leicht und kurz erklären? Wer es denkend erfassen, um es dann in Worten auszudrücken? Und doch – können wir ein Wort nennen, das uns vertrauter und bekannter wäre als die Zeit? Wenn niemand mich danach fragt, weiß ich's, will ich's aber einem Fragenden erklären, weiß ich's nicht.» Mit diesen berühmten Formulierungen markiert Augustinus das Problem, das ihn in diesem Zusammenhang sehr beschäftigt: daß es möglich ist, ein intuitives Wissen von einer Sache haben, ohne dieses begrifflich explizieren zu können. Was bleibt, ist folgendes: «Das weiß ich, wenn nichts verginge, gäbe es keine vergangene Zeit, und wenn nichts käme, keine zukünftige, und wenn nichts wäre, keine gegenwärtige Zeit. Aber wie steht es nun mit jenen beiden Zeiten, der vergangenen und zukünftigen? Wie kann man sagen, daß sie sind, da doch die vergangene schon nicht mehr und die zukünftige noch nicht ist? Die gegenwärtige aber, wenn sie immer gegenwärtig wäre und nicht in Vergangenheit überginge, wäre nicht mehr Zeit, sondern Ewigkeit. Wenn also die gegenwärtige Zeit nur dadurch Zeit wird, daß sie in Vergangenheit übergeht, wie können wir dann sagen, sie sei, da doch der Grund ihres Seins der ist, daß sie nicht sein wird? Muß man also nicht in Wahrheit sagen, daß Zeit nur darum sei, weil sie zum Nichtsein strebt?»[5]

Zeit heißt also, auch und gerade für die Gegenwart, *Vergehen*. Wenn die Zeit vergangen ist, können wir sie zwar als Vergangenheit beschreiben, aber sie ist nicht mehr; und solange die Zeit noch nicht ist, ist sie zwar Zukunft, aber sie ist nicht da. Aber vergeht wirklich die Zeit? Sind es nicht vielmehr wir selbst, die vergehen? Was aber ist es dann, was wir unter «Zeit» verstehen? Augustinus diskutierte schon einige Modelle von Zeit und erörterte etwa den Zusammenhang von Zeit und Bewegung. Ist Zeit eine Funktion von Bewegung? Bis zu einem gewissen Grad ja, aber nicht ausschließlich. Denn auch die Bewegung vollzieht sich *in* der Zeit. Augustinus kommt zu dem Schluß, daß uns die Bewegung zwar hilft, die Zeit zu messen, sie konstituiert aber nicht die Zeit. Schließlich formuliert Augustinus eine entscheidende These, die eine epochale Wende im philosophischen Nachdenken über die Zeit darstellt: «Was aber jetzt klar und deutlich ist, das ist dies: Weder das Zukünftige ist noch das Vergangene, und man kann auch von Rechts wegen nicht sagen, es gebe drei Zeiten, Vergangenheit, Gegenwart und Zukunft. Vielleicht sollte man richtiger sagen: es gibt drei Zeiten, Gegenwart des Vergangenen, Gegenwart des Gegenwärtigen und Gegenwart des Zukünftigen. Denn diese drei sind in der Seele, und anderswo sehe ich sie nicht. Gegenwart des Vergangenen ist die Erinnerung, Gegenwart des Gegenwärtigen die Anschauung, Gegenwart des Zukünftigen die Erwartung.»[6]

Augustinus hat also das Problem der Zeit *psychologisch* aufgefaßt: Zeit ist Erinnerung, Anschauung und Erwartung. Das Erinnerungsvermögen schafft für uns die Vergangenheit. Sie existiert allein in unserem Gedächtnis. Und Zukunft ist nichts anderes als die Fähigkeit unserer «Seele», Hoffnungen und Erwartungen zu haben. Hätten wir diese Fähigkeiten nicht, gäbe es keine Zukunft. «Seele» meint hier allerdings den ganzen psychischen Komplex, von den Emotionen bis hin zur Vernunft. Augustinus ist damit der erste Denker, der Subjektivität und Innerlichkeit als konstituierende Prinzipien der Zeit entdeckt. Ohne diese Wendung zur Subjektivität wäre neuzeitliches Denken, das einerseits an Augustinus anknüpft und sich gleichzeitig von Augustinus distanziert, wohl nicht möglich gewesen.

Wir leben also, wie intensiv wir auch von Zukunft sprechen oder uns an der Vergangenheit orientieren, immer in der Gegenwart. Entscheidend ist allerdings, inwiefern wir uns in dieser Gegenwart von der Erinnerung, der Anschauung oder der Erwartung leiten lassen, von welcher dieser Möglichkeiten wir also unser Leben bestimmen lassen. Denn wir leben anders, wenn wir uns nur mehr in Erinnerungen bewegen oder wenn wir uns auf die Zukunft hin zu orientieren glauben. Der aktuelle Umgang mit den Dimensionen der Zeit, bei dem die Vergangenheit und vor allem die Zukunft dominieren, führt im Lichte dieser Überlegungen zu paradoxen Konsequenzen. Einmal könnte man – mit einem Wort des Philosophen Hermann Lübbe – von «Gegenwartsschrumpfung» sprechen. Was wir als Gegenwart empfinden, wird immer marginaler. Entweder ist das, was gerade geschieht, schon Vergangenheit – wenn es etwa sofort gespeichert, archiviert, aufbewahrt, musealisiert oder verfilmt wird –, oder es ist Zukunft: ein Versprechen, eine

Erwartung, eine Hoffnung oder eine Drohung. Andererseits könnte man aber auch von einer «Gegenwartsüberdehnung» sprechen, da beides, Vergangenheit und Zukunft, in die Gegenwart geholt werden, ständig präsent sind, unser Bewußtsein ausfüllen. «Vergangenheit lebt» und «Zukunft geschieht», lauten die Slogans, und nicht zuletzt die technischen Mittel der modernen Kulturindustrie machen es möglich, Vergangenheit und Zukunft beliebig zusammenfallen zu lassen – *Star Wars* ist auch eine Mischung aus Futurologie und Mediävistik. Ob Gegenwartsschrumpfung oder Gegenwartsüberdehnung: Das Sensorium für die Dimensionen der Zeit verschwindet. Damit aber entschwindet die Zeit. Wir haben, nicht nur im Sinne eines vollen Terminkalenders, sondern in einem existentiellen Sinn keine Zeit mehr, weil wir von allen Zeiten bedrängt werden. In der Gegenwart wollen wir nicht leben, die Vergangenheit darf nicht vergehen, und auf die Zukunft können wir nicht warten.

Moderne Gesellschaften, so sagt man gerne, sind prinzipiell auf Zukunft orientierte Gesellschaften. Aber was heißt das? Für sie ist die Schnittstelle zwischen Vergangenheit und Zukunft ein relevantes Merkmal zur Selbstbeschreibung. Zukunft kann und muß als Zukunft erfahren werden, weil sie sich substantiell von der Vergangenheit unterscheiden wird – und aus dieser Differenz gewinnen moderne Gesellschaften ihre Identität. Es wäre für solch eine Zivilisation eine Katastrophe, müßte man sich etwa nach 20 Jahren Zukunftshoffnungen eingestehen, daß sich nichts Wesentliches geändert hat. Deshalb gilt: Die nahe Zukunft wird alles verändern, nichts wird bleiben, wie es ist, und die ersten

Anzeichen dafür sind immer schon spürbar. Gegenwart schrumpft in dieser Perspektive allerdings zu einer ungemütlichen Befindlichkeit: Durchsetzt von den Flecken einer Vergangenheit, die es zu überwinden gilt – veraltete Strukturen, veraltete Technologien, veraltete Konzepte, veraltete Ideen –, und schon angesteckt von den Keimen des Neuen, das alles besser machen wird – neue Strukturen, neue Technologien, neue Konzepte, neue Ideen –, darf die Gegenwart nie bei sich sein. Allerdings: Während die Vergangenheit hartnäckig nachwirkt, darf auch das Neue, Bessere nie verwirklicht werden, denn dann wäre es keine Zukunft mehr. Die Zukunft verhält sich in der Moderne wie der Horizont, der immer zurückweicht, so sehr man ihm auch entgegeneilt. Im Gegensatz zu dem ideologischen Slogan «Zukunft kommt» muß Zukunft, damit sie ihre Sogwirkung bewahrt, entschwinden, muß jedes Versprechen, das eingelöst wird, jede Technologie, die sich durchgesetzt hat, jede Reform, kaum daß sie zu greifen beginnt, schon wieder durch etwas, das die nahende Zukunft verspricht, überboten werden. Und der sich daraus ergebende Taumel wird dann gerne mit Beschleunigung verwechselt.

Diese Zukunftslosigkeit der Zukunft drückt sich im übrigen auch im sprachlichen Umgang mit Zukunft aus. In der Sprache haben wir die Tempora, und da vor allem die Zukunft, längst verloren. Der Satz «Ich komme morgen» vermag dies schlagartig zu verdeutlichen. Niemand *wird* mehr kommen, alles kommt: jetzt. Und will doch Zukunft genannt werden. Die rituellen Beschwörungen der Zukunft, die sich im Indikativ Präsens holprig zum Ausdruck bringen, lassen eher auf ein höchst verzagtes Verhältnis zur Zukunft schließen. Daß etwas tatsächlich erst sein wird, ist ein Gedanke, der all jene verunsichern muß, die gerne behaupten, die Zukunft im Griff zu haben. Zukunftsoptimismus ist auch nur eine Variante der Zukunftsangst.

Das Resultat der Überlegungen von Augustinus für unsere Frage fällt mit den Erkenntnissen der Systemtheorie Niklas Luhmanns zusammen und lautet: «Zukünfte und Vergangenheiten können, und in dieser Hinsicht sind sie völlig gleich, nur intendiert werden bzw. thematisiert werden, nicht aber erlebt werden.»[7] Und das bedeutet, pointiert formuliert: «The future cannot begin.»[8] Im Gegensatz zum Slogan der Zukunftsideologen beginnt Zukunft weder jetzt noch irgendwann, sondern bleibt immer das, was noch nicht begonnen hat. Wir können Zukunft nicht erleben, wir können nur unseren gegenwärtigen Erfahrungshorizont als Erwartungshorizont ausmalen. Wie wir diese Vergegenwärtigung gestalten, hängt ab von der Zeitvorstellung, in die wir Zukunft einbetten.

3. DAS GESCHÄFT MIT DER ZUKUNFT

Die Sehnsucht, Zukunft zu antizipieren, ist seit Jahrtausenden ungebrochen. Wenn auch in unterschiedlicher Weise und aus unterschiedlichen Motiven strebten die Menschen danach, Einblicke zu gewinnen in das, was kommen wird. Georges Minois hat in seiner grandiosen *Geschichte der Zukunft* diese Verfahren beschrieben und analysiert.[9] Dabei läßt sich die Beobachtung machen, daß die Differenzen im Umgang mit Zukunft Ausdruck unterschiedlicher Interessenlagen sind, die gleichwohl bis heute für unser Verhältnis zur Zukunft paradigmatischen Charakter haben können. Es gehört zur Pointe der Zukunftserhellung, daß keines ihrer Verfahren wirklich verschwunden ist, auch wenn der Zeitgeist seine Präferenzen immer wieder neu akzentuiert.

Zu den ältesten institutionalisierten Formen der Vorhersage der Zukunft gehört zweifellos das *Orakel*. Die traditionellen Stätten wie das Orakel des Gottes Apollon in Delphi oder das des Zeus Ammon in Libyen genossen in der Antike höchstes Ansehen, und wer es sich leisten konnte, befragte vor einer schwerwiegenden Entscheidung das Orakel. Orakel waren also keine Organe, die generalisierte Aussagen über die Zukunft insgesamt trafen – das hätte auch dem antiken Zeitverständnis widersprochen –, sondern Institutionen, die Erfolgs- und Risikoabschätzungen für konkrete Unternehmungen abgaben. Es handelte sich um ritualisierte Vorhersagen einer gut informierten und vernetzten Priesterschaft zur Steuerung und Legitimation vor allem politischer, mitunter aber auch privater Entscheidungen: «Delphi ist der Ort, wo die Zukunft in die Gegenwart eindringt, um ihr ihre Entscheidungen zu diktieren. Wir haben es hier mit einem einzigartigen Fall von ‹Futurokratie› zu tun»[10], schreibt Minois. Das Orakel zeigt, daß kurzfristige Prognosen aufgrund von nicht allen zugänglichen Kenntnissen relativ gute Erfolgschancen haben, die sich relativ leicht noch erhöhen lassen, wenn Zweideutigkeit als strukturelles Merkmal eines Orakelspruches eingebaut wird. Zweideutige Aussagen können bekanntlich nicht falsifiziert werden. Auch wenn das Orakel einen Gott im Hintergrund als beglaubigte Autorität brauchte, war es letzlich eine politische Organisation, die durch ihre Beratungstätigkeit sehr bewußt praktische politische Entscheidungen mitgestaltete. Als von allen anerkannte Autorität hatte insbesondere das Orakel von Delphi an Krisen, Zwistigkeiten und Kriegen ein elementares Interesse, weil dies die Nachfrage nach Orakelsprüchen immens steigerte. Ähnlichkeiten zu herrschenden Praktiken internationaler Agenturen zur Politik- und Unternehmensberatung sind wohl nicht zufällig.

Besser, als sich dem Ränkespiel einer Orakelpriesterschaft zu überantworten, mag es einem vernünftigen Wesen scheinen, die Zukunft zu berechnen. Von den Chaldäern vor Jahrtausenden entwickelt, gehört die *Astrologie* bis heute zu den wahrscheinlich verbreitetsten und alltäglichsten Methoden, ein Stück Zukunft zu erhaschen. Horoskope aller Art erfreuen sich ungebrochener Beliebtheit, und vom persönlichen Liebesglück bis zu den Kriegen der Zukunft steht alles in den

Sternen. Tatsächlich kann die Astrologie als ein Schritt zu einer intendierten Rationalisierung der Vorhersage gewertet werden, da es nichts Objektiveres und Verläßlicheres gibt als die Himmelsmechanik. Es bedarf keiner Götter und Propheten, keiner Kirchen und ihrer Priester, um einen Blick in die Zukunft zu tun, es genügt die genaue Kenntnis des bestirnten Himmels. Unter der freilich irrationalen Voraussetzung, daß es einen Zusammenhang zwischen den Bewegungen und Konstellationen der Gestirne und den Schicksalen der Menschen gibt, erscheinen letztere rational entschlüsselbar, da erstere mathematisch berechenbar sind. «Chaldäer» war dann auch lange ein Synonym für Mathematiker, und ihren Höhepunkt erreichte die Astrologie in der Frühaufklärung des 17. Jahrhunderts. Einmal wurde dadurch das Monopol der Kirche in Deutungsfragen der Zukunft gebrochen, zum anderen war gerade die mathematische Präzision, mit der Astrologie betrieben werden kann, in der Frühzeit der Entwicklung der modernen Wissenschaften ein Faszinosum, dem sich auch Geister wie Isaac Newton offenbar nicht ganz entziehen hatten können.[11]

Auch wenn die Astrologie nicht verschwindet, verschwindet ihr politischer Einfluß ab dem 17. Jahrhundert und wird allmählich ersetzt durch ein Denken der Zukunft, das ebenfalls auf antike Wurzeln verweisen kann, aber erst in der Neuzeit und der Moderne seine eigentliche Blüte und Geschichtsmächtigkeit erlebt: die *Utopie*. Die Utopie, schreibt Georges Minois, ist das «Heilmittel der Besorgten», dem folgende Maxime zugrunde liegt: «Wenn die Zukunft nicht existiert, muß man sie erfinden.»[12] Die Utopie erscheint als ein unbedingter Wille zur Zukunft, nicht als Antizipation dessen, was kommen wird, sondern als Antizipation dessen, was gemacht werden könnte. Utopien kennen weder transzendente noch immanente Gesetzmäßigkeiten, nach denen sich eine Zukunft ereignen muß, sie bedürfen deshalb auch keiner theologischen Rechtfertigung oder chiliastischen Erwartung, sondern zeichnen das Bild eines Zustandes, der noch nicht ist, aber zumindest als möglich gedacht wird. Allerdings liegt die Utopie räumlich und zeitlich zu weit von der Gegenwart entfernt, als daß sie als ein einfacher Plan oder als eine Zielbeschreibung für unmittelbar anstehende Entscheidungen begriffen werden könnte: Ihre Faszination rührt im Gegenteil von der Denkmöglichkeit, daß eine Gesellschaft, ein Staat, das Zusammenleben der Menschen auch ganz anders organisiert sein könnten, als wir es gewohnt sind. Die Utopie ist der Nicht-Ort, das, was es nicht gibt, vielleicht nie geben wird, aber vorstellbar ist. Die Utopie, so könnte man sagen, ist die Imagination gewordene Alternative. Das Verhängnisvolle an allen Utopien besteht in der Kluft, die sich zwischen dem utopischen Bild und der erlebten Wirklichkeit auftut. Diese Kluft ist nicht zu überbrücken. So sind Utopien, wie andere Zukunftsvisionen auch, letztlich Indikatoren der Befindlichkeiten der Gegenwart und keine Anweisungen für die Herstellung einer besseren Welt.

Schon die Antike hat zwei Varianten utopischen Denkens entwickelt, die in ihren Grundzügen auch alle neuzeitlichen und modernen Utopien strukturieren. So kann die ideale Stadt des Architekten Hippodamos aus dem 5. vorchristlichen Jahrhundert als Modell einer rationalen Utopie gelten: In ihrem Aufbau streng nach den Kriterien der Geometrie geplant und hierarchisch nach Ständen gegliedert, liefert diese Stadt das Modell für alle utopischen Zustände, in denen eine rationale Ordnung dem Menschen zu seinem Glück verhilft, was aber bedeutet, daß dieser seine Individualität und Besonderheit aufgeben muß. Gesellschaftlicher Status, Sexualität und Arbeit sind streng geregelt, persönliches Eigentum gibt es meistens nicht, damit aber auch keine Kriminalität und keine Kriege, eine zentrale Instanz überwacht und regelt den Verkehr der Menschen. Von Platons *Staat* über Thomas Morus' *Utopia* und Campanellas *Sonnenstaat* bis zu Charles Fourier reichen diese Visionen, und auch dort, wo sie als negative Variante ausformuliert werden, gelten diese Konzeptionen, etwa in Jewgenij Samjatins *Wir*, George Orwells *1984*, Aldous Huxleys *Brave New World* oder Ray Bradburys *Fahrenheit 451*.

Die Antike hat aber auch ein Gegenmodell zur streng geordneten und hierarchisierten utopischen Verfassung entwickelt, das Wolkenkuckucksheim (*Nephelokokkiougias*) aus der Komödie *Die Vögel* von Aristophanes. Hier wird ein Land der Phantasie, der Individualität, der Anarchie und der Freiheit entworfen, in dem es kein Geld, keinen Zwang und kein Gericht gibt. Letztlich lassen sich alle anarchistischen Utopien, von den Träumen eines Bakunin oder Kropotkin bis zu den radikal-liberalen Konzeptionen eines Hans-Hermann Hoppe als Abkömmlinge dieses Wolkenkuckucksheims begreifen, denen bei allen Differenzen eines gemein ist: Es soll keinen Staat, keine vorgegebene Ordnung, keine institutionalisierten Formen der Herrschaft geben, die Menschen sollen ihr Zusammenleben nach den Prinzipien der Freiheit und der Selbstverantwortung, mit Hilfe von natürlicher Empathie oder nach den Gesetzen des Marktes selbst regeln. Eine Pointe dieser Utopievarianten besteht darin, daß vielen die strengen Ordnungen sozialistischer Staatsutopien lange als humanere Varianten gegolten haben als anarchisch-liberale Konzepte, die dem einzelnen wohl Freiheit, aber auch deren Risiken zumuteten. Letztlich spiegelt sich in den utopischen Modellen vor allem ein Grundkonflikt der Moderne: Die Frage, wie das Verhältnis von Gleichheit und Freiheit zu denken ist. Daß die Menschen in Gleichheit geboren sind und in Freiheit leben sollen – diese Überzeugung der Moderne treibt sie in ein Dilemma, das sie nicht lösen, sondern nur einmal in die eine, dann in die andere Richtung akzentuieren kann. Die Zukunft als Zukunft hält weder das eine noch das andere Modell für uns bereit.

Vom Orakel, der Astrologie und der Utopie ist allerdings noch die *Prophezeiung* zu unterscheiden. Die religiöse Prophezeiung und ihre säkularen Varianten können vielleicht als die wirkmächtigste Denkfigur der Zukunft in der westlichen Moderne bezeichnet werden. Ursprünglich steht dabei die Beziehung des Propheten zu seinem Gott im Mittelpunkt, der Prophet ist eindeutig als Sprachrohr eines transzendenten Willens gekennzeichnet; weniger konkrete politische Entscheidungsfragen sind sein Geschäft, sondern die grundsätzliche Frage des Heils. Vor allem in ihrer christlichen Ausprägung bekommen die Prophezeiungen einen durchgängig apokalyptischen Ton, die Zukunft der Welt insgesamt wird zum Gegenstand der Vorhersage. Die Zukunft: Das kann nur das Ende sein. Die großen christlich-jüdischen Prophezeiungen, vom Buch Daniel bis zur Apokalypse des Johannes, gehen dann auch stets aufs Ganze und sprechen, wie dunkel auch immer, vom Ende der Zeiten, vom Ende der Geschichte. Verbunden damit sind die Warnungen vor diesem Ende, die Aufrufe zur Umkehr, die Aussicht auf Erlösung. Denkfiguren wie der Messianismus, die Hoffnung auf den Erlöser, oder die Parusie, die Wiederkehr des Erlösers, gehören zum festen Arsenal prophetischer Gesten. Damit wird die Zeit in Hinblick auf die Zukunft hin strukturiert: Es wird etwas geschehen, es wird jemand kommen. Das Warten wird zur Erwartung, leben heißt, die Anzeichen des zukünftigen Untergangs oder des kommenden Erlösers schon jetzt zu erkennen. Seitdem wird Gegenwartsdiagnostik als Hermeneutik der Spuren des Zukünftigen im Hier und Jetzt betrieben. Die späten Nachfahren der biblischen Propheten, die die Zeichen des strafenden Gottes zu deuten wußten, sind die Trendscouts und Futurologen, die, meist in den Jugendkulturen, verzweifelt nach den Spuren der Zukunft suchen. Apokalypse und Heilserwartung liegen dabei eng nebeneinander, Katastrophenangst und Zukunftsoptimismus sind in der Tat nur zwei Seiten desselben Phänomens. Man kann das Treiben der Jugendlichen als Anzeichen des untergehenden Abendlandes ebenso deuten wie als erste Indizien einer endlich erlösten, befriedeten, toleranten und ökologisch intakten Welt: Und bis heute gibt es keine säkulare Apokalypse, die nicht auch die Botschaft der Erlösung mitlieferte – und es ist immer noch die große

Umkehr, die allein das Ende hintanhalten kann: Wir müssen unser Denken, unsere Lebensgewohnheiten, unser Verhalten, unseren Energieverbrauch, unser Verkehrssystem radikal ändern, um der Klimakatastrophe gerade noch zu entgehen. Und es gibt auch keinen säkularen Zukunftsoptimismus, der nicht verkündete, daß wir der Zukunft nur werden teilhaftig werden können, wenn wir viel von dem, was uns gegenwärtig wichtig ist, über Bord werfen. Nur sind es nun alte Gewohnheiten, verbürgte Sicherheiten, liebgewordene Traditionen, eingeschliffene Verhaltensweisen, soziale Standards, staatliche Pensionssysteme, geregelte Arbeitzeiten und Urlaubsansprüche, auf die wir verzichten müssen, sonst droht die andere Katastrophe: die Niederlage im globalen Wettbewerb. Die Denkfigur der Optimisten ist die gleiche wie die der Apokalyptiker: Wir müssen leiden. Entweder, so die Apokalyptiker, müssen wir mehr an uns arbeiten, oder, so die Optimisten, mehr für die Arbeitgeber; entweder, so die Apokalyptiker, kehren wir um zur Ethik und Weisheit der indigenen Kulturen, oder, so die Optimisten, wir öffnen uns der Logik der Konzerne und den Erlösungspotentialen der Technologien. Ohne «schmerzhafte Einschnitte», so die frohe Botschaft, wird es aber so oder so nicht gehen.

Die Prophezeiung, auch in ihrer säkularen Form, stellt so bis heute die radikalste Form von Gegenwartskritik dar. Die Gegenwart und das Leben in ihr sind das Übel, das in ferner oder naher Zukunft alles beenden wird, und nur ein Durchstreichen der Gegenwart, eine Abkehr von dieser kann eine Zukunftsperspektive eröffnen. In der Logik der Prophezeiung kämpft die Zukunft um ihre Zukunft. An der Gegenwart festzuhalten bedeutet, der Zukunft keine Zukunft mehr zu geben, Zukunft hat allein, was sich der Gegenwart verweigert. Keine Frage, daß diese wirkmächtige Logik in zahlreichen ökologischen, politischen und kulturphilosophischen Diskursen noch immer am Werk ist und deren eifernde und geifernde Protagonisten mitunter als mehr oder weniger komische Karikaturen der Propheten in Erscheinung treten, gleichgültig, ob sie das Ende durch Wachstum oder ohne Wachstum das Ende verkünden.

Im Positiven wie im Negativen geht es den Erben der christlichen Apokalyptik immer um das Ganze. Der Endkampf aus der Offenbarung des Johannes wurde zum Modell für ein Geschichtsdenken, das uns bis heute bestimmt. Aurelius Augustinus hat in seinem Werk über den *Gottesstaat* einen Gedanken entwickelt, der grundlegend für das abendländische Geschichtsverständnis werden sollte. Augustinus stellt in seiner Betrachtung der Geschichte zwei Reiche einander gegenüber: die *Civitas terrena,* das Reich des Irdischen, Weltlichen, Teuflischen, und die *Civitas Dei,* das Reich Gottes, wobei für Augustinus das Reich Gottes nicht zusammenfällt mit der real existierenden Kirche, der er ja auch angehört hat. Diese war für ihn nicht der Vorgriff auf diese Herrschaft des Ewigen und Göttlichen. Augustinus faßte nun – und das ist vielleicht auch ein Erbe seines manichäischen Denkens – Geschichte als einen Kampf dieser zwei Reiche, dieser zwei Prinzipien auf: Weltlichkeit, Macht, Sinnlichkeit, Sexualität gegen Göttlichkeit, Transzendenz, Immaterialität, Geistigkeit, Askese. Es ist ein Kampf, der nach Augustinus die ganze Geschichte von der Schöpfung über die verschiedenen Epochen bis zum Imperium Romanum durchzieht. Geschichte wird also hier erstmals interpretiert als Rivalität zweier Prinzipien, ein Kampf, der irgendwann einmal mit dem Sieg des Guten über das Böse enden soll. Es war dies ein äußerst folgenreiches Konzept, das in seinen säkularisierten Formen bis in die Gegenwart weiterwirkt – ob man, wie Marx, Geschichte als Kampf zwischen herrschenden und unterdrückten Klassen, oder, wie in manchen feministischen Theorien, als Kampf zwischen Patriarchat und Matriarchat beschreibt, ob es wie im Kalten Krieg um den Kampf zwischen Freiheit und Totalitarismus ging oder wie in der Gegenwart um den Kampf der «zivilisierten Welt» gegen den Terror: Immer geht es bei diesen Konzepten um eine Dualität, um einen Antagonismus, um das Reich des Lichts gegen das Reich der Finsternis, um Gute und Böse, Opfer und Täter, Ausgebeutete und Ausbeuter, Sklaven und Herren, und die Science-fiction-Autoren träumen mittlerweile vom Endkampf der Menschen gegen die von ihnen selbst geschaffenen Roboter. Mit dem Gedanken aber, daß dieser Kampf einmal ein Ende haben wird, hat Augustinus, wenn auch in theologischer Form, jenes Konzept eines Endes der Geschichte formuliert, das vor allem in der Moderne, von Hegel bis zu Francis Fukuyama, noch für einige Aufregung sorgen sollte.

Als Zeitgenossen sind wir samt und sonders Kryptohegelianer, manchmal sogar Kryptomarxisten. Es gehört zu den besonderen Aspekten des Verschwindens der sogenannten kommunistischen Gesellschaften, daß damit auch deren vermeintliche Cheftheoretiker, Marx und sein bürgerlicher Lehrer Hegel, aus den intellektuellen Diskursen der Gegenwart verbannt worden sind. Von Marx spricht ohnehin niemand mehr, und Hegel gilt selbst unter Philosophen als deutscher Sonder- und damit auch Irrweg, den man durch den Anschluß an die fortgeschrittenste Gestalt der Philosophie in der Gegenwart, an die analytische Philosophie amerikanischer Prägung, möglichst rasch verlassen sollte. Der Witz dieser Haltung zeigt sich schon darin, daß die Vorstellung, es gäbe fortgeschrittene Denkweisen und unfruchtbare Sonderwege, selbst eine Hegelsche Denkfigur ist, sodaß diese modische Abkehr von Hegel denselben zur Voraussetzung hat. Dies trifft aber auf den Zeitgeist insgesamt zu. Jede rezente Globalisierungstheorie greift implizit oder explizit auf Hegel zurück, und das herrschende ökonomische Denkparadigma ist letztlich ein seiner kritischen Spitze beraubter Marx, aber immer noch ein Marx. Erst unter dieser Perspektive wird klar, warum wir uns so viel von Zukunft erwarten müssen, warum die Zukunft – und nicht die Gegenwart – die entscheidenden Impulse unseres Handelns liefert.

Werfen wir einen kurzen Blick auf Hegel. Einige Sätze aus der *Phänomenologie des Geistes* umreißen mit wenigen Worten das Problem des Zusammenhangs von Geschichte und Zukunft: «Das Wahre ist das Ganze. Das Ganze aber ist nur das durch seine Entwicklung sich vollendende Wesen. Es ist von dem Absoluten zu sagen, daß es wesentlich Resultat, daß es erst am Ende das ist, was es in Wahrheit ist; und hierin eben besteht seine Natur, Wirkliches, Subjekt oder Sichselbstwerden zu sein.»[13] Hegel, und das ist für unsere Überlegungen das Entscheidende, hat die Wahrheit radikal verzeitlicht. Anders als ein österreichischer Politiker es polemisch bekundete, ist die Wahrheit tatsächlich eine Tochter der Zeit. Man weiß nie, was etwas *ist*, solange es noch in Entwicklung begriffen ist, also erst *wird*. Das Hegelsche Ganze aber ist ein anderes Ganzes als das gegenwärtiger Ganzheitsphilosophien. Es ist auch zu unterscheiden vom Ganzen der Gestaltpsychologie – es ist nicht nur mehr als die Summe seiner Teile. Bei Hegel kommt noch ein wesentliches Moment hinzu – die Bewegung, die Entfaltung in der Zeit, die Geschichte: Das heißt, das Ganze ist nichts Statisches, es gibt keinen Punkt, von dem aus man einen Blick werfen könnte auf das Ganze – man ist immer Teil, Moment des Ganzen. Die Wahrheit kann nicht etwas sein, was nur Teil unserer Welt oder unserer Geschichte, Teil unserer moralischen Werturteile oder unserer politischen Erfahrung ist. Die Wahrheit ist immer das Ganze – das Positive, Negative, Individuelle, Allgemeine, Gewesene, Seiende und: Zukünftige. Das aber bedeutet: Das Ganze selbst ist immer in Bewegung, und wirklich erfassen könnte man es erst, wenn es ein Ende gäbe.

Was aber ist ein Ende? Schon beim Individuum ließe sich sagen, daß es auch nach seinem physischen Ende historisch wirksam werden kann. Wer jemand *wirklich* war, das Ganze seines Daseins, ist ja nicht nur konzentriert auf seine singuläre Erscheinung; dazu gehört auch, wie er auf andere gewirkt hat, wie er sich in der Erinnerung von anderen eingegraben hat, was er bei anderen ausgelöst hat, auch was er anderen angetan hat. In noch höherem Maße gilt dies für das Ganze der Weltgeschichte. Solange Geschichte fortschreitet, ist ihre Wahrheit in letzter Instanz nicht erkennbar. Es verwundert so wenig, daß Hegel gerne gehabt hätte, daß die Geschichte an ein Ende gekommen sein möge – denn nur unter dieser Voraussetzung wäre sie in ihrer Totalität begreifbar gewesen. Letztlich bedeutet dies aber, daß es keine letzte Wahrheit des Lebendigen geben kann. Erkenntnis, gerade wenn sie etwas taugen soll, kann immer nur Erkenntnis des Vergangenen und Vergehenden sein, was Hegel in schönen und berühmten Worten ausgedrückt hat: «Wenn die Philosophie ihr Grau in Grau malt, dann ist eine Gestalt des Lebens alt geworden, und mit Grau in Grau läßt sie sich nicht verjüngen, sondern nur erkennen; die Eule der Minerva beginnt erst mit der einbrechenden Dämmerung ihren Flug.»[14] Zukunft hat Hegel damit aus dem Bereich des Erkennbaren ausgeschlossen. Um den Prozeß der Geschichte zu erkennen, mußte Hegel diese als zumindest im Prinzip abgeschlossen denken. Was auf den ersten Blick ziemlich unsinnig erscheint, gewinnt jedoch eine gewisse Plausibilität, wenn man Hegels Begriff der Geschichte genauer betrachtet. Geschichte als Folge von Handlungen der Individuen und Völker deutet Hegel als einen Prozeß, durch den sich der Weltgeist, das Absolute, realisiert und zu sich findet. Gott, so könnte man sagen, steht seiner Schöpfung nicht mehr gegenüber, sondern fällt mit ihr zusammen – allerdings nicht in einem differenzlosen Pantheismus, sondern, eigentlich schärfer, als Werden des Absoluten in und durch die Geschichte der Menschen. In dem Sinne, in dem nach Hegel die Bestimmung des Geistes die Freiheit ist, findet der Weltgeist in dem Moment zu sich, in dem das Prinzip der Freiheit in der Geschichte verwirklicht ist. In diesem Moment ist aber auch die Geschichte zu einem Ende gekommen, denn etwas anderes als Freiheit läßt sich nicht erreichen.

Im bürgerlichen Staat sah Hegel die Freiheit in der Tat prinzipiell verwirklicht, denn seit der Französischen Revolution definiert sich dieser Staat durch die Freiheit aller Bürger. Geschichte in einem emphatischen Sinn, dem es um die Erreichung eines Zieles gegangen war, das die Beschränkungen der Gegenwart radikal übersteigt, kommt zu einem Ende. Was bleibt, ist die Durchsetzung des Freiheitsprinzips in allen Dimensionen und in einem globalen Maßstab. Überschritten aber kann der bürgerliche Freiheitshorizont nicht mehr werden. Nur unter dieser Hegelschen Perspektive ergibt die Parole «Zukunft geschieht» einen Sinn. Denn alles, was noch sein wird, ist im Prinzip schon vorhanden. Gerade weil die modernen Gesellschaften in diesem Sinne keine Zukunft mehr haben, liegt deren Zukunft auf der Hand: Sie müssen bleiben, was sie sind. Daß Hegel so der bürgerlichen Gesellschaft ihre Zukunft verweigerte, brachte seine linken Schüler gegen ihn auf: Diese insistierten auf einer Zukunft, die nicht schon im bürgerlichen Freiheitsbegriff festgelegt war.

Daß diese Thesen noch immer so etwas wie Aktualität beanspruchen können, zeigte das vieldiskutierte und kaum angemessen verstandene Buch *Das Ende der Geschichte* des amerikanischen Politologen Francis Fukuyama.[15] Der Autor versuchte, Hegels These vom Ende der Geschichte auf die politische Situation nach 1989 anzuwenden. Fukuyama geht davon aus, daß nach dem Zusammenbruch des Kommunismus kein anderer Zustand der Geschichte mehr vorstellbar ist als der des bürgerlichen Rechtshorizontes, in dem die Ansprüche des Individuums einerseits und die Ansprüche der Allgemeinheit andererseits zu einer unüberbietbaren Synthese gefunden haben. In diesem Sinne sind wir über das absolute Wissen Hegels nicht hinausgekommen. Diejenigen, die etwa wie Marx und Nachfolger diesen Horizont überschreiten wollten, indem sie eine *ganz andere* Gesellschaftsordnung konzipierten, sind bislang zumindest stets kläglich gescheitert.

4. Die prognostizierte Zukunft und ihre Zerstörung

Im 20. Jahrhundert geht mit dem Zusammenbruch der kommunistischen Gesellschaften auch das Zeitalter der Utopien zu Ende. Mit anderen Worten: Der Glaube an die Gestaltbarkeit der Zukunft erlischt. An dessen Stelle tritt nun die wissenschaftliche Prognose. Die Pointe daran ist, daß Marx selbst überzeugt gewesen war, anstelle des utopischen Denkens eine Wissenschaft gesetzt zu haben, die imstande sein sollte, die Bewegungsgesetze der Geschichte zu erkennen, wodurch für die Zukunft keine Prophezeiungen oder Utopien notwendig wären, sondern Hochrechnungen. Allerdings hatte Marx nicht einfach in der Gegenwart beobachtbare Entwicklungen linear weitergerechnet, sondern sein hegelianisches Erbe zwang ihn dazu, die Bewegungsgesetze der Gesellschaft als ein komplexes Wechselspiel letztlich ökonomischer Widersprüche zu begreifen, durch die die Zukunft notwendig vorgezeichnet war.

Ob Marx ein guter oder schlechter Prognostiker gewesen war, bleibe durchaus dahingestellt. Ein Blick auf die Eingangspassagen des von ihm im Jahr 1847 gemeinsam mit Friedrich Engels verfaßten *Manifests der kommunistischen Partei* könnte allerdings die beliebte, von Karl Popper prägnant formulierte These, daß auch Marx ein «falscher» Prophet gewesen sei, etwas ins Wanken bringen. Dort heißt es nämlich: «Die Bourgeoisie hat in der Geschichte eine höchst revolutionäre Rolle gespielt. Die Bourgeoisie, wo sie zur Herrschaft gekommen, hat alle feudalen, patriarchalischen, idyllischen Verhältnisse zerstört. Sie hat die buntscheckigen Feudalbande, die den Menschen an seinen natürlichen Vorgesetzten knüpften, unbarmherzig zerrissen und kein anderes Band zwischen Mensch und Mensch übriggelassen als das nackte Interesse, als die gefühllose ‹bare Zahlung›. Sie hat die heiligen Schauer der frommen Schwärmerei, der ritterlichen Begeisterung, der spießbürgerlichen Wehmut in dem eiskalten Wasser egoistischer Berechnung ertränkt. Sie hat die persönliche Würde in den Tauschwert aufgelöst und an die Stelle der zahllosen verbrieften und wohlerworbenen Freiheiten die *eine* gewissenlose Handelsfreiheit gesetzt. [...] Die Bourgeoisie kann nicht existieren, ohne die Produktionsinstrumente, also die Produktionsverhältnisse, also sämtliche gesellschaftlichen Verhältnisse fortwährend zu revolutionieren. [...] Alle festen, eingerosteten Verhältnisse mit ihrem Gefolge von altehrwürdigen Vorstellungen und Anschauungen werden aufgelöst, alle neugebildeten veralten, ehe sie verknöchern können. Alles Ständische und Stehende verdampft, alles Heilige wird entweiht, und die Menschen sind endlich gezwungen, ihre Lebensstellung, ihre gegenseitigen Beziehungen mit nüchternen Augen anzusehen. Das Bedürfnis nach einem stets ausgedehnteren Absatz für ihre Produkte jagt die Bourgeoisie über die ganze Erdkugel. Überall muß sie sich einnisten, überall anbauen, überall Verbindungen herstellen. [...] An die Stelle der alten lokalen und nationalen Selbstgenügsamkeit und Abgeschlossenheit tritt ein allseitiger Verkehr, eine allseitige Abhängigkeit der

Nationen voneinander. Und wie in der materiellen, so auch in der geistigen Produktion. Die geistigen Erzeugnisse der einzelnen Nationen werden Gemeingut. Die nationale Einseitigkeit und Beschränktheit wird mehr und mehr unmöglich, und aus den vielen nationalen und lokalen Literaturen bildet sich eine Weltliteratur. Die Bourgeoisie reißt durch die rasche Verbesserung aller Produktionsinstrumente, durch die unendlich erleichterten Kommunikationen alle, auch die barbarischsten Nationen in die Zivilisation. Die wohlfeilen Preise ihrer Waren sind die schwere Artillerie, mit der sie alle chinesischen Mauern in den Grund schießt, mit der sie den hartnäckigsten Fremdenhaß der Barbaren zur Kapitulation zwingt. [...] Mit einem Wort, sie schafft sich eine Welt nach ihrem eigenen Bilde.»[16]

Was Marx hier atmosphärisch, phänomenologisch, rhetorisch, übersteigert, begeistert beschreibt, sind die Omnipotenz und die Leistungsfähigkeit der einzigen bisher wirklich revolutionären und expansiven Klasse, und er scheut nicht davor zurück, diese Klasse, indem er ihr zugesteht, sich eine Welt nach ihrem Bilde zu schaffen, mit einer sakralen Weihe auszustatten: mit jener Omnipotenz, die normalerweise nur Gott zukommt. Marxens Bourgeois ist der von Feuerbach zum Menschen gewendete Gott, und es verbindet Marx mit dieser Klasse eine *Haßliebe*, die inverse Form seines glühenden politischen Atheismus, der vom *Bild* des Gottes, seiner Imago des Bourgeois, doch nie loskam. Und eine besondere geschichtsphilosophische Pointe liegt dann darin, daß Marx noch den Totengräber der Bourgeoisie: das Proletariat, als Produkt der Bourgeoisie begriff und daß genau dieser vermeintliche Totengräber sein Geschäft, zu dem er vom Weltgeist eingesetzt worden war, nicht durchzuführen imstande war. Vor der Omnipotenz dieser Marxschen Bourgeoisie mußte das Proletariat versagen, die Überwindung des Kapitalismus mußte mißlingen. Wohl aber riß und reißt diese Bourgeoisie nach wie vor alle Mauern, Berliner und chinesische, mit der Artillerie ihrer wohlfeilen Waren nieder. Fast alles von dem, was in diesen Passagen des *Manifests* der Bourgeoisie, also dem Kapitalismus, zugeschrieben wird, scheint erst heute unter dem Stichwort «Globalisierung» Realität zu werden. Marx, ein schlechter Prophet?

Verschätzt hat er sich sicher in den Zeitdimensionen, die er für bestimmte Entwicklungen veranschlagt hat. So könnte man durchaus sagen, daß der von ihm mit diesen Worten schon für die Mitte des 19. Jahrhunderts konstatierte weltweite Siegeszug des Kapitalismus erst im Zeitalter der Globalisierung, an der Wende vom 20. zum 21. Jahrhundert, Wirklichkeit geworden ist. Diese Verzögerung läßt sich zum Teil allerdings damit erklären, daß gerade die Versuche, unter Berufung auf Marx den Kapitalismus zu übergehen und kommunistische Gesellschaften dort zu errichten, wo der Kapitalismus noch gar nicht reüssiert hatte, das um den Erdball jagende Kapital eingebremst haben und das Jahr 1989 eigentlich das Fortsetzungsjahr von 1917 darstellt. So bitter es vor allem für das Leiden und die Leidenden des 20. Jahrhunderts sein mag: Unter der Perspektive der Durchsetzung des Kapitalismus stellt das «kurze» 20. Jahrhundert eine Episode dar, eine kurze und opferreiche Unterbrechung einer Entwicklung, die nicht aufzuhalten war.

Tatsächlich aber zeigt sich schon an Marx ein Problem aller Prognostik: daß jede Prognose, da sie sich auf menschliches Handeln bezieht, Gefahr läuft, dadurch irrig zu werden, daß Menschen sich in ihrem Handeln auf diese Prognose beziehen. Die moderne Prognostik formuliert diese Paradoxie unter den Titeln *self-fulfilling* und *self-destroying prophecy*. Gebannt von den Voraussagen, können Handlungen gesetzt werden, die diese Voraussagen überhaupt erst praktisch plausibilisieren, wie umgekehrt die Möglichkeit besteht, daß im Vertrauen auf die Zuverlässigkeit einer Prognose nichts zu deren Verwirklichung getan wird. Die immer wieder bei Wahlen zu machende Beobachtung, daß der nach Umfragen vermeintlich sichere Sieger die Wahl noch verliert, spiegelt nur diese immanente Paradoxie jeder Prognose, die sich auf menschliches Verhalten bezieht, wider. Ein anderes schönes Beispiel einer *self-fulfilling prophecy* wird im Zusammenhang mit dem berühmt-berüchtigten Kinsey-Report erzählt. Der amerikanische Sexualforscher Kinsey soll bei seiner ersten Untersuchung über das sexuelle Verhalten der amerikanischen Frau überproportional viele Prostituierte in seinen Stichproben gehabt haben. Deren sexuelle Praktiken und die hohe Zahl ihrer Sexualpartner ergaben ein Bild, das erst nach der Veröffentlichung des Reports tatsächlich wirklich wurde, da viele Leserinnen des Reports dessen Ergebnisse für die Normalität halten mußten und nun ihr Verhalten dementsprechend anpaßten.[17]

Wenn schon angeblich empirische Bestandsaufnahmen nicht die Wirklichkeit messen, sondern normative Vorgaben machen, um wieviel mehr muß dies für Prognosen gelten!

In der Regel kann man davon ausgehen, daß der Sinn und Wert von Prognosen, vor allem im Bereich der Ökonomie und der Politik, nicht darin besteht, tatsächlich Entwicklungen der Zukunft beschreiben zu können, sondern darin, ein bestimmtes Verhalten durch die Beschwörung der Zukunft zu steuern. Die Zukunft fungiert hier als eine Autorität, der nicht widersprochen werden kann, denn wer wollte sich einer Sache widersetzen, die mit Notwendigkeit eintreten wird. Prognostiker und Trendforscher aller Schattierungen verbinden ihre Voraussagen dann auch nicht selten mit warnenden Untertönen, in denen allen, die sich den Trends und künftigen Entwicklungen nicht anschließen, mit allerlei Ungemach gedroht wird: Zurückbleiben im Wettbewerb, Verlust des Arbeitsplatzes, Verarmung und Untergang. Die Zukunft fungiert als Peitsche, die geschwungen wird, damit die Menschen das tun, was sie im Interesse der ökonomischen und politischen Eliten, als deren Sprachrohre die Trendforscher verstanden werden können, tun sollen.

Prognosen haben dieselbe Funktion wie Orakel: Entscheidend ist nicht, ob sie zutreffen, sondern daß sie Handlungen selektieren und legitimieren. Prognosen haben so einen impliziten normativen Charakter, sie sollen vor etwas warnen oder zu etwas bewegen, nicht selten mittels eines Sanktionspotentials, das implizit in der Prognose enthalten ist. Da dem Trendforscher die Zukunft natürlich genauso verschlossen ist wie jedem anderen Sterblichen auch, prognostiziert er jene Trends, die sich seinem Weltbild nach durchsetzen sollten. Deshalb ist er immer auf seiten der Zukunft, diejenigen, die seine Prognosen durchkreuzen könnten – die Zukunftsverweigerer –, müssen noch zur Räson gebracht werden, damit Zukunft geschieht. Am einfachsten funktioniert Trendforschung dann, wenn der Forscher die Usancen des sozialen Milieus, in dem er sich bewegt, schlicht auf die Gesamtgesellschaft hochrechnet. Die von dem Trendforscher Matthias Horx einmal verkündeten acht *Sphären der Zukunft* erweisen sich dann auch bei näherer Betrachtung als in bestimmten Schichten praktizierte Lebensformen und Lebenseinstellungen, die mit wissenschaftlichem Gestus zu den generellen Entwicklungen der nahen Zukunft hochstilisiert werden. Hinter den modisch-plakativen Signaturen dieser Sphären – *mindsphere, bodysphere, soziosphere, politosphere, knowledgesphere, econosphere, consumersphere, technosphere* – verbergen sich mitunter direkte Aufrufe zu einem bestimmten Lebensstil: Aufgeklärte Spiritualität soll mit Wellness gepaart werden, «systemische Politik» mit einem modernen Kapitalismus, in dem es angeblich keine Arbeiter, sondern nur noch Unternehmer geben wird, mit dem «Geist» als zentralem «Produktionsort».[18] Solches wird als unabdingbare zukünftige Entwicklungen beschrieben, obgleich diesen schiefen Metaphern ihr ideologischer Charakter überdeutlich auf der Stirn geschrieben steht. Das Problem besteht nicht darin, daß man nicht der Auffassung sein kann, der moderne Mensch solle zum Beispiel eine aufgeklärte Spiritualität abseits der traditionellen Kirchen pflegen, ein bißchen Sinn aus allen Ecken holen, keinen harten Materialismus, aber auch keinen fanatischen Glauben vertreten – solches aber nicht zu argumentieren, sondern als Element der Zukunft zu apostrophieren, dem

man sich nur um den Preis der Selbstentmächtigung widersetzen kann, zeigt drastisch, daß auch die moderne Trendforschung Zukunft in dem Sinn in ihren Dienst nimmt, in
dem sie von Ideologen aller Art immer schon instrumen-
talisiert worden ist: als in der Zeitdimension aufgespannte
Variante von Zuckerbrot und Peitsche. So wundert es wenig, daß Matthias Horx, der natürlich das Glück der Menschen will, ihnen dieses jedoch nur als Resultat harter Arbeit
zukommen lassen will; am besten, man stimmt schon die
Kinder im «Glücksunterricht» darauf ein: «Aber Glück ist
nicht ‹easy›. Es fordert Entscheidungen von uns, harte Arbeit am Selbst. Das sind die entscheidenden Fragen, eine Art
Über-Pisa: Wie machen wir unseren Partner glücklich? Wie
machen wir unseren Körper ‹happy› – durch Bewegungs-
Endorphine und glückliche Ernährung? Wie können wir
im Beruf tun, was wir wirklich-wirklich wollen – und dabei
(damit) unsere Familie stärken? Man müsste die Bezeich-
nung dieser Unterrichtseinheit noch erweitern. ‹Glückskun-
de und Selbsterkenntnis› sollte die tägliche Stunde heißen,
für alle von 8 bis 80 verbindlich!»[19]

So haben wir uns die große Freiheit immer schon vorge-
stellt: eine Stunde täglich und für alle verbindlich.

Forscher wie Matthias Horx und andere scheuen, da sie
nur das schon Bekannte hochrechnen, vor Prognosen, die
wirklich weit in die Zukunft vorgreifen, zurück. Gerade die
Propagandisten einer offenen Zukunft verschließen diese
mit den normativ wirkenden Trends. Zukunft wird zu einer Umschreibung für politisch, ökonomisch oder kulturell
motivierte Handlungsvorschreibungen. Eine als offen ge-

dachte Zukunft ist deshalb offen, weil sie Platz für das Neue hat. Das Neue aber ist deshalb neu, weil es nicht gedacht werden kann. Es ist nicht die Extrapolation dessen, was ist, auch nicht die Extrapolation von Randphänomenen, die für die Zukunft als die Megatrends prognostiziert werden. Die Prognose des Neuen muß also immer mißlingen. Doch auch die Extrapolation dessen, was ist, scheitert in der Regel an der doppelten Kontingenz menschlichen Verhaltens – als Individuen und als Kollektive. Richtige Prognosen sind deshalb vielleicht eine «pragmatische Notwendigkeit», aber gleichzeitig eine «kognitive Unmöglichkeit».[20]

Da im Gegensatz zu vormodernen Gesellschaften die Moderne von der Zukunft tatsächlich das Neue, das heißt Unbekannte erwartet – andere erwarteten die Wiederkunft des Gleichen oder zumindest die Wiederkunft Christi –, ist diese Erwartung auch in ganz anderer Weise von Unsicherheit gekennzeichnet als in Gesellschaften, die mit dem Modell der Wiederholung arbeiten konnten. Zukunftsoffenheit muß Unsicherheit bedeuten, denn die Zukunft wäre im modernen Zeitverständnis keine Zukunft, wenn man wüßte, was sie bringen wird. Zukunft muß selbst als Risiko erfahren werden, ja sie ist das Risiko schlechthin.[21] Sie eignet sich deshalb als vorzügliche Projektsfläche für Hoffnungen und Ängste aller Art, sie ist aber auch der eigentliche Zuchtmeister moderner Gesellschaften. Wer immer seine Interessen durchsetzen will, macht dies gegenwärtig mit der Drohgebärde, daß anderenfalls die Zukunftsfähigkeit – des Landes, der Wirtschaft, des Standortes, seiner Partei – gefährdet sei. Zwar weiß niemand, was in Zukunft tatsächlich vonnöten sein wird, aber was immer jemand tut, tut er im Glauben, damit ein Stück Zukunft bannen zu können.

Indem Zukunft als Risiko aufgefaßt wird, kommen wir allerdings in eine seltsame Aporie: Das Unberechenbare muß berechenbar gemacht werden. Wäre dies nicht so, wäre Zukunft wie bislang auch etwas anderes: Schicksal, zum Beispiel, oder Kismet oder Zufall. Die Deutung der Zukunft als Risiko, das beherrschbar ist, ist die zeitgenössische Variante der Geschichtsphilosophie des 19. Jahrhunderts. Beiden Modellen eignet der Gedanke der Unausweichlichkeit von Zukunft, der man nur beikommen kann, wenn man sich ihr fügt. So wie die Hegelianer und Marxisten im Einklang mit der historischen Notwendigkeit deren Triumphe mitauskosten wollten, so gilt es heute, den vermeintlichen Unausweichlichkeiten der Zukunft durch vorauseilende Anpassung jenes Maß an Gewinn abzuringen, das uns das Risiko der Zukunft erträglich erscheinen läßt. An die Stelle der geschichtsmetaphysischen Spekulation ist lediglich die Trendforschung getreten, die jene Handlungen in die Zukunft extrapoliert, die vorher als zukunftsträchtig apostrophiert worden sind. Was bei Hegel noch «Einsicht in die Notwendigkeit» hieß, heißt heute salopp «Erkenne den Trend». Solange wir aber mit zwei Faktoren menschlichen Handelns rechnen müssen – mit der Freiheit und dem Zufall –, wird es den Trendforschern wenig anders als den Geschichtsmetaphysikern gehen.

Gegenüber dem Diktat der Zeit gibt es aber keine letzte Sicherheit. Gesellschaften haben zwar schon immer versucht, sich gegen die Zukunft zu versichern – in erster Linie durch die Schaffung von Kontinuitäten, Traditionen und Institutionen, denen, weil sie sich durch Vergangenheiten gehalten haben, auch Konsistenz in der Zukunft zugetraut wurde. Moderne Gesellschaften sind aber in einem radikalen Sinn traditionslos geworden: Sie haben im Wortsinn nichts mehr weiterzutragen, weil sie alles von einer Zukunft erwarten, von der sie nur eines wissen: daß sie die Vergangenheit durchstreichen soll. Damit ist eine neue, grundlegende Form von sozialer Unsicherheit gegeben, die sich aus einem Wissen ergibt, das davon überzeugt ist, daß die Vergangenheit nicht in die Zukunft, wohl aber die Zukunft schon in die Gegenwart hineinreicht.

Weiträumige Ausmalungen der Zukunft gibt es natürlich nach wie vor. Sie erscheinen nicht mehr im Gewand der Sozialutopie, sondern an der Schnittstelle zwischen Naturwissenschaft und Science-fiction. Es sind die technischen Utopien, in denen heute langfristige Zükünfte antizipiert werden. Hier geht es dann um die großen Perspektiven einer Weiterentwicklung der Menschheit, hin zu intergalaktischen Zivilisationen, hier geht es um eine Evolution durch genetische Selbststeuerung oder um die Ablösung der Gattung Mensch durch denkende und selbstbewußte Maschinen. Den meisten dieser Konzeptionen liegt eine gemeinsame Überzeugung zugrunde: Der Mensch, wie er ist, soll verschwinden. Wie dies zu bewerkstelligen ist – darüber gehen die Phantasien auseinander. Grob lassen sich zwei «Denkschulen» unterscheiden: Einmal die Bioingenieure, denen es um die Verbesserung des genetischen Ausgangsmaterials des Menschen geht, die also noch an eine biologische Zukunft glauben, die aber im wesentlichen durch genetische Selbststeuerung und Verbesserung gekennzeichnet sein wird und zu einem Menschen führen soll, der durch genetisch optimierte Intelligenz, Gesundheit und Langlebigkeit gekennzeichnet sein wird. Ob diese genetisch manipulierten Menschen womöglich eine eigene, mit herkömmlichen Menschen nicht mehr fortpflanzungskompatible Rasse darstellen werden oder darstellen sollen, darüber lassen sich die schönsten Streitgespräche unter Gen-Freaks inszenieren. Die andere Fraktion setzt demgegenüber auf die Ablösung der biologischen Evolution durch die Entwicklung von Maschinen. Vor allem im Bereich der Erforschung und Herstellung künstlicher Intelligenz kursieren Phantasien, die von Maschinenwesen träumen, die das Bewußtsein der Menschen speichern, weiterentwickeln und unsterblich machen und die Malaise der Leiblichkeit damit überwinden. Daß gerade unter Vertreten der sogenannten Zukunftstechnologie die ganz alte Vorstellung einer möglichen Trennung von Geist und Körper in den Vordergrund rückt, wenn auch mit der wenig erbaulichen Perspektive, den Geist aus dem Körper zu befreien und auf eine Festplatte zu transferieren, mag verwundern, entspricht aber nur der Beobachtung, daß wir auch mit avanciertesten technischen Möglichkeiten immer wieder auf historisch verbürgte Konzeptionen zurückgreifen müssen. Die Vorstellung, Bewußtsein ließe sich maschinell reproduzieren und einer «funktionalen Unsterblichkeit» zuführen, wie sie vor allem von dem aus Österreich stammenden amerikanischen Computerwissenschaftler Hans Moravec formuliert wurde[22], ließe sich auch als säkularisierte gnostische Erlösungssehnsucht lesen. Hinter den Träumen vom Cyborg, gar von der reinen Maschine, steht dieselbe Leibfeindlichkeit, für die das Christentum von der Aufklärung – zu Recht oder zu Unrecht – gegeißelt worden war. Interessant, daß noch die unserem aufgeklärten Verständnis von Körper, Sinnlichkeit und Sexualität zutiefst widersprechenden Konzeptionen ihre moralische Anrüchigkeit verlieren, wenn sie nicht als moralisch-religiöse Botschaft, sondern, säkular, als technischer Imperativ erscheinen.

Aber auch die Zukunft als Zukunft läßt sich unter den gegenwärtigen Bedingungen nur dann am Stand der Zeit extrapolieren, wenn sie als Form einer technischen Verfügbarkeit erscheint. Die einzige Möglichkeit, tatsächlich zu wissen, was in der Zukunft geschehen und was die Zukunft bringen wird, ist nämlich die Zeitreise. Kein Wunder, daß diese Möglichkeit die Science-fiction-Autoren von allem Anfang an fasziniert hat.

5. Die bereiste Zukunft

Die Zukunft als Zukunft könnte man in einem empirisch strengen Sinn nur erkennen, wenn man sich in der Zukunft aufhalten könnte. Dazu müßte man eine Zeitreise unternehmen. Und natürlich hat die technische Phantasie der Menschen sich diese Möglichkeit, sich der Zukunft tatsächlich zu vergewissern, nicht entgehen lassen. Die Geschichte der Zeitreisen beginnt eigentlich mit Richard Wagners *Parsifal.* Wenn im ersten Aufzug des Bühnenweihfestspiels Parsifal, der vermeintlich reine Tor, von Gurnemanz erstmals in die Welt des Heiligen Gral geleitet wird, kann sich Parsifal eines seltsamen Eindrucks nicht erwehren: «Ich schreite kaum, – / doch wähn' ich mich schon weit.» Und Gurnemanz antwortet mit einem der großen Rätselworte der Opernliteratur: «Die siehst, mein Sohn, zum Raum wird hier die Zeit.»[23] Während der Knabe und sein Mentor zu wuchtigen Orchesterklängen langsam einherschreiten, verändert sich merkbar die Szenerie: Es verschwindet der Wald, in Felswänden öffnet sich ein Torweg, welcher die beiden einschließt, und durch aufsteigende, gemauerte Gänge treten sie in den mächtigen Saal der Gralsburg ein. Mit dem Durchschreiten des profanen Raumes hat Parsifal offensichtlich auch einen anderen Zustand erreicht, der es ihm ermöglicht, die geheimnisvolle, durch keine Wegbeschreibung erreichbare Gralsburg zu betreten. Der Schritt in einen anderen Zustand signalisiert allerdings weniger eine Bewegung in eine historisch andere Zeit als vielmehr einen veränderten Bewußtseinsraum. Der Eintritt in diese Sphäre ist dann auch nicht technisch erzwingbar, sondern selbst Resultat einer mythischen Vorgeschichte, die dem Protagonisten weder bewußt ist noch an dieser Stelle bewußt sein darf. Parsifal wird im ersten Anlauf übrigens in dieser Sphäre versagen, unfähig, das den Gralskönig von seinem Leiden erlösende Wort des Mitleids zu sprechen, und er wird durch Gurnemanz dann auf eine sehr irdische Art und Weise durch eine Seitentür aus der Gralsburg gestoßen. Erst durch eine weitere Transformation des Raumes in den Tiefen der Vergangenheit und der Seele wird ihm das Erlösungswerk gelingen.

Was bei Wagner noch Ausdruck einer spekulativen Privatmythologie gewesen sein mochte, berührt den Kern einer Imagination, die jenseits ihrer physikalischen Plausibilität und technischen Realisierbarkeit die Phantasie des modernen Menschen angeheizt hat: die Zeitreise. Denn in der Tat bedeutet diese Fiktion vorerst nichts anderes, als der Zeit die Eigenschaften des Raumes zu verleihen, auch die vierte Dimension so denken, daß man sie an einem beliebigen Punkt aufsuchen kann. Zu denken ist für die nachromantische Moderne diese Transformation von Zeit in Raum allerdings nur mehr unter technischen Parametern, nicht mehr als Transzendierung des profanen Raumes durch eine mystische Fügung. Aus einer Reise ins Innere der Seele und deren Hoffnungs- und Erwartungsräume, als die Parsifals Verwandlung von Zeit in Raum gedeutet werden kann, wird die Vorstellung, in einem physikalischen Sinn aus der Gegenwart in die Vergangenheit oder in die Zukunft auf- und ausbrechen zu können.

Der paradigmatische Text zur Bereisbarkeit der Zeit erschien nur wenige Jahre nach der Bayreuther Uraufführung des *Parsifal*, die im Jahr 1882 stattfand: In seinem privaten Periodikum «The Science School's Journal» publizierte H. G. Wells im Jahr 1888 eine Artikelserie unter dem Titel *The Chronic Argonauts*; die zu einem Roman überarbeitete Buchausgabe kam dann 1895 unter dem Titel *The Time Maschine. An Invention* auf den Markt, eine erste deutsche Übersetzung von Felix Paul Grewe wurde schon 1905 publiziert. Seit mehr als einem Jahrhundert gibt nun Wells' Zeitmaschine den imaginären Takt für Zeitreisen aller Art vor. Unzählige Erzählungen und Romane der Science-fiction-Literatur beziehen sich auf Wells, arbeiten mit seinen Phantasien oder seinem Personeninventar, wollen die Lücken füllen und die Geheimnisse lösen, die seine Zeitmaschine hinterlassen hat. Unter diesen Fortschreibungen finden sich solch bemerkenswerte Bücher wie Egon Friedells *Die Rückkehr der Zeitmaschine* aus dem Jahr 1946 sowie eine von den Erben H. G. Wells' «autorisierte» Fortsetzung der *Zeitmaschine* von Stephen Baxter, die 1995 unter dem Titel *The Timeships* bzw. *Zeitschiffe* erschienen ist. Für die anhaltende Faszination von Wells' Zeitmaschine spricht auch, daß George Pals oscargekrönte Verfilmung aus dem Jahr 1960 mittlerweile ein amerikanisches Remake erfahren hat, das kein Geringerer als Simon Wells, der Urenkel von H. G. Wells, im Jahr 2002 in die Kinos brachte. Und daß die *Zeitmaschine* auch als Computerspiel zu haben ist, versteht sich fast schon von selbst.

Wenn nicht alle, so hat H. G. Wells in seinem Roman doch einige jener Aspekte erstmals gestaltet, die bis heute das Faszinosum «Zeitreise» ausmachen. Wie dann bei all seinen Nachfolgern geht es auch bei Wells selbst schon, wenn auch nur in einer sehr knappen, präludierenden Sequenz, um die physikalischen Grundlagen einer Zeitreise. Dem namenlosen Protagonisten seiner Fabel genügt die Erkenntnis, daß Zeit als vierte Dimension aufgefaßt werden muß, um eine Maschine zu konstruieren, mit der es ihm gelingt, sich mit wechselnden Geschwindigkeiten durch die Zeit zu steuern wie durch einen Raum. Wells' Interpretation der Zeit als vierte Dimension war übrigens durchaus originell und ist im strengen Sinn erst einige Jahre später durch Albert Einstein bestätigt worden. Zwar war die «vierte Dimension» Ende des 19. Jahrhunderts in aller Munde, aber Physiker und Mathematiker dachten diese in der Regel als eine weitere Dimension des Raumes.[24] Daß zur genaueren Bestimmung eines Gegenstandes im Raum dessen Dimensionen nicht genügen, sondern auch eine Zeit oder Zeitdauer angegeben werden muß, spricht für Wells' legendäre wissenschaftliche Phantasie.

Die Zeitreise kennt, im Gegensatz zur Bewegung im dreidimensionalen Raum, nur zwei Richtungen der Bewegung: vor und zurück. Damit hat der Zeitreisende bei Wells allerdings jene Grundsatzentscheidung zu fällen, die auch alle seine literarischen Nachfolger treffen müssen: Wohin, das heißt, in welche Zeit soll die Reise führen? Die Frage, ob die Zukunft oder die Vergangenheit bereist werden soll, ob erforscht werden soll, *was wird* oder *was war*, gibt dabei nicht nur Auskunft über die Motivationslage der Reisenden, sondern eröffnet auch unterschiedliche logisch-philosophische Problemhorizonte.

Der Wunsch nach einer Zeitreise befriedigt vorab eine, fast könnte man sagen, transzendentale Neugier: zu sehen, was die Grenzen der Anschauungsform überschreitet. Die Zeit ist nicht nur eine Voraussetzung für jede Form der Erfahrung, sondern sie stellt auch eine Schranke dar, die uns das verweigert, was wir zumindest hin und wieder nur zu gerne wüßten: Was hat sich in der Vergangenheit tatsächlich ereignet, und was wird die Zukunft wirklich bringen. Wells' anonymer Zeitreisender entscheidet sich bekanntlich für eine Reise in die Zukunft. Er möchte wissen, was einmal aus dem Menschengeschlecht werden wird. Mit einem Optimismus, der heute von niemandem mehr nachvollzogen werden kann, katapultiert er sich gleich einmal in das Jahr 802 701 n. Chr., um dort den «Sonnenuntergang der Menschheit»[25] zu erleben. Über die Jahrhunderttausende haben sich aus der englischen Gesellschaft des ausgehenden 19. Jahrhunderts zwei Menschenarten entwickelt: die kindähnlichen Eloi, die scheinbar glücklich und in ewiger Jugend, unbehelligt von Krankheiten, Arbeit und Kampf, naiv und wohlversorgt in den Tag hineinzuleben scheinen – «Kommunismus» ist die erste Assoziation des Zeitreisenden –, und die affenähnlichen Morlocks, die in einem unterirdischen Höhlensystem dahinvegetieren, das sie nur in der Nacht verlassen, dann aber zu einer Bedrohung für die Eloi werden. Erst spät erkennt der Zeitreisende die wahren Zusammenhänge: Die Eloi werden von den Morlocks, den Herren der unter der Erde verborgenen Maschinen, wie glückliches Vieh auf einer immer grünen Weide gehalten, um dann, wenn ihre Zeit gekommen ist, als Nahrung zu dienen. Für den Zeitreisenden ist klar, wie es zu dieser Entwicklung kommen konnte: Während Aristokratie und Bürgertum in immer selbstgefälligerer Weise an der Oberfläche der Erde ihre zunehmend verfeinerten Lebensformen entwickelten und die eigentlich produktive Arbeiterklasse mitsamt den Maschinen unter die Erde verbannte, hatte dies nicht nur zur Entwicklung zweier unterschiedlicher biologischer Arten geführt, sondern irgendwann mußte es den Morlocks, also den Arbeitssklaven, gelungen sein, die Macht zu übernehmen und die satt gewordene Bourgeoisie zu ihrem Nutzvieh zu machen.

Spätestens an dieser Stelle wird klar, daß Wells' *Zeitmaschine* weniger Science-fiction als vielmehr eine negative Sozialutopie ist, durch die der mit dem Sozialismus sympathisierende Schriftsteller demonstrieren wollte, welch überraschende Entwicklungen Klassengesellschaften nehmen könnten, wenn es zu keinem sozialen Ausgleich kommt. Die Fiktion der Zeitreise erlaubt es Wells allerdings, die klassische Lokalität moderner literarischer Utopien – die Insel – zu verlassen und seine pessimistischen Visionen als Endstadium einer linearen Entwicklung zu zeichnen, die ihre Wurzeln im Viktorianischen Zeitalter, also in seiner Gegenwart hat. So gesehen, wird die Zeitreise weniger als Zusammenschluß von Wissenschaft und Fiktion eingeführt, als vielmehr als ein poetisches Verfahren, das es erlaubt, extrem lange Entwicklungen, die wesentlich mehr als die drei Generationen der konventionellen Familienromane umfassen, mit einiger Plausibilität vor Augen zu führen.

Dennoch ist der wissenschaftsfiktionale Rahmen des Romans mehr als nur eine didaktische Strategie, eine soziale Botschaft zeitgemäß zu verpacken. Zumindest in zwei Passagen gelangen Wells bemerkenswerte Phantasien: Abgesehen von der Antizipation der Zeit als vierte Dimension ist die Schilderung der Zeitreise, die seinem Protagonisten die unterschiedlichen Phasen der Entwicklung seiner Umgebung durch die Jahrhunderttausende wie in einer rasenden Abfolge bewegter Bilder vor Augen führt, nicht nur bis heute literarisch beeindruckend, sondern erinnert in der Tat an die erst später perfektionierte Technik des Zeitraffers, die zumindest im nachhinein den Eindruck vermitteln mag, Beobachter beschleunigter Zeitabläufe gewesen zu sein, also gleichsam durch die Zeit zu reisen. Und nicht vergessen werden darf, daß Wells' Zeitreisender am Ende in Dimensionen der Zukunft vorstößt, die einen allmählich erkaltenden Planeten zeigen, von dem sich das Leben fast zur Gänze wieder zurückgezogen hat: «Ich sah mich um, ob noch Spuren von tierischem Leben verblieben waren. Eine gewisse undefinierbare Befürchtung hielt mich noch im Sattel der Maschine fest. Doch ich sah keine Bewegung auf der Erde, am Himmel oder im Meer. Nur der grüne Schleim auf den Felsen bezeugte, daß das Leben noch nicht erloschen war.»[26] Diese beeindruckenden Sätze waren nicht nur Warnung vor einem Fortschrittsoptimismus, der sich im Anschluß an Darwin immer nur Höherentwicklung vorstellen wollte, sondern auch Ausdruck der Einsicht, daß unter kosmologischen Gesichtspunkten die Zeit, in der Leben auf der Erde möglich ist, begrenzt ist. Allerdings: schon Arthur Schopenhauer spricht am Beginn des 2. Buches *Die Welt als Wille und Vorstellung* von der «mißlichen Lage», in der sich «denkende Wesen» angesichts des unendlichen und kontingenten Weltraums befinden[27], und Friedrich Nietzsche hat diesem Gedanken in seinem 1873 geschriebenen, zu seinen Lebzeiten jedoch nie veröffentlichten Aufsatz *Über Wahrheit und Lüge im außermoralischen Sinne* eine präzise Form gegeben: «In irgend einem abgelegenen Winkel des in zahllosen Sonnensystemen flimmernd ausgegossenen Weltalls gab es einmal ein Gestirn, auf dem kluge Thiere das Erkennen erfanden. Es war die hochmüthigste und verlogenste Minute der ‹Weltgeschichte›: aber doch nur eine Minute. Nach wenigen Athemzügen der Natur erstarrte das Gestirn, und die klugen Thiere mußten sterben. – So könnte Jemand eine Fabel erfinden und würde doch nicht genügend illustriert haben, wie kläglich, wie schattenhaft und flüchtig, wie zwecklos und beliebig sich der menschliche Intellekt innerhalb der Natur auswirkt; es gab Ewigkeiten, in denen er nicht war; wenn es wieder mit ihm vorbei ist, wird sich nichts begeben haben.»[28]

Man könnte meinen, daß alle ausgedehnten Zeitreisen in die Zukunft bei dieser Einsicht Nietzsches landen müßten. Dem ist aber nicht so. Gerade die Vorstellung der Zeitreise will auch die scheinbar unhintergehbare Kategorie der Vergänglichkeit zumindest angreifbar machen. Seit Albert Einstein zeigen konnte, daß für Systeme, die sich mit hoher Geschwindigkeit bewegen, die Zeit langsamer als auf der

Erde vergeht, ist nicht nur eine Variante der Zeitreise in die Zukunft theoretisch möglich geworden, sondern auch die Utopie, in der Zeit nicht unbedingt vergehen zu müssen, genährt worden. Wer mit 99,9% der Lichtgeschwindigkeit zu einem 500 Lichtjahre entfernten Stern reist und dann zur Erde zurückkehrt, ist selbst um zehn Jahre gealtert, auf der Erde wären in dieser Zeit allerdings tausend Jahre vergangen.[29] In der Phantasie der Science-fiction-Autoren gibt es allerdings noch viel phantastischere Möglichkeiten, nicht nur durch die Zeit zu reisen, sondern auch der Zeit Herr zu werden.

Die autorisierte Fortsetzung der *Zeitmaschine* von Stephen Baxter setzt dann auch an einem Problem an, das Wells' Roman tatsächlich offengelassen hatte: die Rückkehr in die Zukunft. Bei Wells bricht der Zeitreisende zu einer zweiten Reise auf, von der er nicht zurückkehrt. Offen bleibt, ob er noch einmal zu den Eloi und Morlocks gereist ist oder sich in die Vergangenheit, vielleicht an den Beginn aller Zeiten, begeben hat. Baxter läßt Wells' Zeitreisenden ein zweites Mal in das Jahr 802 701 aufbrechen, aus einem einfachen Motiv: Er möchte Weena, die naiv-anhängliche Kindfrau, retten, die Wells' Zeitreisender den Morlocks hatte überlassen müssen. Baxter denkt sich also den Zeitreisenden ähnlich sentimental wie George Pal in der ersten Verfilmung der *Zeitmaschine*, die ja auch nur knapp an einem Happy-End zwischen dem Zeitreisenden und dem naiv-blonden Eloi-Mädchen vorbeigeschrammt war. Besser ausgerüstet macht sich der Zeitreisende auf den Weg in die Zeit seiner ersten Begegnung mit der degenerierten Zivilisation, um zu seinem Entsetzen festzustellen, daß nichts mehr so ist wie bei seiner ersten Reise. Zwar landet er um einige Jahrtausende zu früh, aber die Eloi sind schon verschwunden, die Morlocks haben sich zu einer hyperintelligenten Zivilisation entwickelt, und sogar die Eigenrotation der Erde ist zu einem Stillstand gekommen: Er muß erkennen, daß «sich der Ablauf der Geschichte selbst geändert hatte».[30]

Während H. G. Wells' Zeitreisender noch von der Vorstellung ausging, daß Zeit als vierte Dimension linear verläuft, man also in ihr geradlinig hin- und herreisen kann, muß Baxters Zeitreisender begreifen, daß er durch die Veröffentlichung seiner ersten Zeitreise die Geschichte modifiziert, ja vernichtet und eine andere Geschichte erzeugt hat, er also nie mehr in jene Zeit gelangen würde, in der er schon einmal gewesen war. Erschreckt von dieser Einsicht, möchte der Zeitreisende seine eigene Geschichte ungeschehen machen und reist, gemeinsam mit einem superklugen Morlock aus der hyperintelligenten Morlockzivilisation, die sich längst im Weltraum angesiedelt hat, in seine Zeit, allerdings vor Erfindung der Zeitmaschine, zurück, um mit dem nächsten Paradox einer Zeitreise konfrontiert zu werden: der Begegnung mit sich selbst. Denn der junge Wissenschaftler, der ihnen in seinem Haus die Tür öffnet, ist natürlich er selbst, und der Versuch, den jungen Mann, also sich selbst, davon zu überzeugen, daß er es tunlichst unterlassen soll, die Zeitmaschine zu bauen, führt in einen unendlichen Regreß: «‹Denn wenn die Zeitmaschine niemals gebaut worden wäre ...› ‹wärst du nicht in der Lage, in der Zeit zurückzukehren und ihre Konstruktion zu verhindern ...› ‹und

so würde die Maschine schließlich doch gebaut werden ...›
‹und du würdest aus der Zeit zurückkehren, um ihre Konstruktion zu unterbinden – und so würde das weitergehen, wie ein endloser Ringelpiez.›»[31]

Baxters Zeitreisender ist also theoretisch und praktisch mit den Fragen konfrontiert, die im Grunde jede Zeitreise aufwirft und einen Gutteil ihrer spekulativen Faszinationskraft ausmachen: Lassen sich Ereignisse durch eine Reise in ihre Vergangenheit verändern? Erzeugen Zeitreisen andere Geschichtsverläufe? Und was bedeutet es, hinter seine Existenz zurückzukehren und diese zu manipulieren, vielleicht sogar zu verhindern? Wäre dies tatsächlich möglich, gäbe es im strengen Sinn keine Geschichte mehr, denn diese könnte jederzeit umstrukturiert werden: «Was wäre, wenn man die Geschichte so leicht verändern könnte, wie man eine Tafel abwischt? Unsere Geschichte wäre wie Sand am Strand, der mal hierhin und mal dorthin weht. Jedesmal wenn jemand die Wählscheibe einer Zeitmaschine betätigte und irgendwo durch die Vergangenheit reist, würde sich die Geschichte verändern. So wäre Geschichte, wie wir sie kennen, nicht mehr möglich. Es gäbe sie nicht mehr.»[32] Die Zeitreise wirft deshalb auch vor allem zwei Paradoxa auf, die der Physiker Michio Kaku folgendermaßen charakterisiert hat: die Begegnung mit den Eltern, bevor man geboren ist und: der Mann ohne Vergangenheit.[33] Wer in die Vergangenheit reist und seine Eltern oder Großeltern daran hindert, zusammenzukommen, entzieht damit der eigenen Existenz die Grundlage – es entsteht eine ähnliche unauflösbare Schleife wie bei der Selbstbegegnung des Zeitreisenden in Baxters *Zeit-*

schiffe. Es gibt natürlich auch den umgekehrten Fall: Man muß aus der Zukunft zurück in die Vergangenheit, um eine drohende Katastrophe im Keim zu ersticken – was allerdings das Gelingen des Unternehmens immer schon voraussetzt, sonst hätte man keine Zukunft gehabt. Mit diesem Modell der Zeitschleife hantieren etwa die *Terminator*-Filme.

H. G. Wells' klassischer Zeitreisender, wohl weil es ihm um die Warnung vor einer zu starken sozialen Differenzierung der Menschheit ging, war mit solchen Problemen noch relativ salopp umgegangen, sein Pendant in Simon Wells' Verfilmung des urgroßväterlichen Buches muß allerdings sehr wohl die Erfahrung machen, daß sich die Geschichte nicht manipulieren läßt, die Paradoxie des Eingriffs in den Zeitablauf von der Zeit selbst immer unterlaufen wird. In dieser filmischen Version verfällt der junge Wissenschaftler nicht aus Neugier auf die Idee der Zeitreise, sondern weil er seine ermordete Verlobte wiederbekommen möchte. Mit Hilfe der Zeitmaschine gelingt es ihm tatsächlich, in der Zeit vor dem Mord zu landen und die Geliebte vom Mörder fernzuhalten, dafür stirbt sie zur selben Stunde bei einem Unfall. Die Geschichte, so scheint es, ist von «hinten» nicht zu korrigieren. Also reist der Wissenschaftler lieber in die Zukunft. Die Zukunft erweist sich demgegenüber zumindest in der Fiktion als offen, und so ist es auch kein Wunder, daß der moralische Gehalt von Zeitreisen in die Zukunft in der Regel größer ist. Wer in die Zukunft reist, will sehen, wie weit wir es gebracht haben, und entweder vor den kommenden Katastrophen warnen oder die Gegenwart mit dem Licht künftiger Errungenschaften illuminieren. Wer die Reise in

die Zukunft fingiert, projiziert sich und seine Bewußtseins-
lage in einen Möglichkeitsraum; wer in die Vergangenheit
reist, kann bestenfalls damit rechnen, etwas besser zu verstehen, was schon geschehen ist. Hier sind auch der Phantasie
enge Grenzen gesetzt. Nicht nur gehorcht die Konstruktion
einer Maschine für die Reise in die Vergangenheit etwas
anderen physikalischen Prinzipien – am einfachsten wäre
es, schneller als das Licht zu fliegen, was nach Einstein leider unmöglich ist, oder in der gekrümmten Raumzeit eine
Abkürzung über ein Wurmloch zu nehmen –[34], auch die
Motivations- und Problemlagen ändern sich. Zwar kehren
die Zeitreisenden bei Wells und seinen Nachfolgern immer
wieder in ihre Gegenwart oder dahinter zurück, aber ihr
Hauptinteresse gilt dem, was einmal sein wird.

Zeitreisen sind – vernachlässigt man einmal die theoreti-
schen Möglichkeiten, die sich aus Relativitätstheorie und
Quantenmechanik ergeben – immer Reisen in die Gegenwart. Unterlegt man den manchmal überraschenden,
manchmal überbordenden, manchmal auch nur kalkulier-
ten Phantasien der Science-fiction-Autoren den intrapsychi-
schen Zeitbegriff des Aurelius Augustinus, dann wird klar,
daß das literarische Verfahren in dem Bemühen besteht, aus
Vergangenheit und Zukunft, nach Augustinus also aus Erinnerung und Erwartung, Formen der Gegenwärtigkeit, also
der Anschauung zu machen. Solange es noch keine Zeitma-
schinen gibt, werden sich Zeitreisen also dort abspielen, wo
sich nach Augustinus überhaupt jede Zeiterfahrung zuträgt:
im Bewußtsein, im Inneren des Menschen.

Der Philosoph und Technikkritiker Günther Anders hatte in jungen Jahren einmal den Gedanken ventiliert, daß der moderne Mensch nach dem Tod Gottes auf die damit offenbar gewordene Kontingenz und Endlichkeit seines Daseins mit einer pathologischen Aufwallung in der Weise reagiert, daß er seiner Nichtigkeit die Herrschaft über Zeit und Raum entgegensetzen möchte: «Denn der Mächtige ist nun nicht mehr bloß *er* selbst, so wie er in seinem kläglichen Zustand war, sondern dieser hier und jener dort, er selbst und der andere, ein Gesamter. Er ist zugleich hier und dort und auch noch dort. Denn herrschend, repräsentierend und im Ruhme stehend, ist er – um einen Ausdruck aus der Theologie zu verwenden – *omnipräsent.*»[35] Die Omnipräsenz im Raum gewinnt der Mensch durch die Zunahme an Macht; die Omnipräsenz in der Zeit konnte sich Anders nur als das Streben nach Ruhm vorstellen, das Eingraben des eigenen Namens in das Gedächtnis der Mit- und Nachwelt. Die Fiktion der Zeitmaschine gibt der Sehnsucht nach Beherrschung der Zeit eine technische Gestalt. Die Zeitreise verspricht, dem unerbittlichen Diktat der Zeit selbst zu entgehen. Natürlich ist dies eine Illusion. Und es spricht deshalb viel dafür, daß jenes schöne Fräulein mit Namen Gloria, das in Egon Friedells Hommage an H. G. Wells im Laboratorium des Zeitreisenden auf diesen wartet, mit ihrer charmant, aber bestimmt vorgetragenen Analyse der Zeitreise recht behalten wird: «Sie sind doch ein Reisender. Allerdings die originellste Art von Reisendem, die die Welt jemals gesehen hat, das gebe ich zu – aber immerhin! Der Reisende ‹sieht sich die Welt an›: aber das hat zur Folge, daß er sich die einzige

Welt, die wirklich ist, nämlich seine eigene, *niemals* ansieht! [...] Und warum fahren die Menschen irgendwohin, wo sie nichts zu suchen haben? Weil sie sich selbst nicht ertragen! Aber gerade dieses gefürchtete ‹eigene Ich›, vor dem sie in fremde Länder davonlaufen, fährt als blinder Passagier überall hin mit.»[36]

6. Das Unglück: Leben in der Zukunft

Unser Verhältnis zur Zukunft gleicht dem der Jungfrauen aus dem Matthäusevangelium zu dem Bräutigam. Wir wissen, daß sie kommen wird, aber wir wissen nicht, wann. Stets müssen wir bereit sein, um die Zukunft nicht zu versäumen. Der fälschlicherweise Michail Gorbatschow zugeschriebene, aber von seinem Berater Gennadi Gerassimow formulierte Satz: «Wer zu spät kommt, den bestraft das Leben»[37], drückt diese Haltung wohl am besten aus. Woher die unserer Zeit eigentümliche Angst, etwas zu versäumen? Ja, womöglich überhaupt alles zu versäumen? Von der deutschen Soziologin Marianne Gronemeyer stammt die Formulierung: «Das Leben als letzte Gelegenheit.»[38] Wir organisieren unser Leben in Hinblick auf einen völlig außengesteuerten Zeitbegriff: Die Welt erscheint dabei als eine Kette von Events, von denen wir möglichst wenig versäumen dürfen. Nicht wir suchen die Dinge auf, ergreifen Gelegenheiten oder setzen Handlungen, wenn, wie man früher sagte, die Zeit dafür reif geworden ist, sondern die Dinge fordern uns ultimativ auf, sie nicht zu versäumen. Daß der Begriff «Event» alle anderen Bezeichnungen für Ereignisse und Veranstaltungen im kulturellen Bereich mittlerweile ersetzt hat, vollzieht diese Außenorientierung nur auf der sprachlichen Ebene. Der Event ist per definitionem das, was wir nicht versäumen dürfen. Auf die Frage, warum man bei diesem oder jenem Event dabei sein sollte, ist deshalb auch die häufigste Ant-

75

wort: Weil man es nicht versäumen darf. Beschrieb Martin Heidegger die menschliche Existenz noch als «Dasein», so müßte es heute «Dabeisein» heißen.

Die Antike kannte noch zumindest zwei Zeitbegriffe: *Chrónos* und *Kairós*. *Chrónos*, das war die Zeitdauer, die vergehende Zeit, aber auch das Lebenszeit; und *Kairós* war der richtige Zeitpunkt, aber auch das rechte Maß, das ethisch und temporal Richtige und Angemessene. Wir kennen nur noch *Chrónos*: vorgegebene Zeitflüsse, aus denen wir uns nicht ausklinken dürfen, vor allem, weil alles immer schneller geht und wir uns den Zeitfluß als einseitig gerichtet vorstellen. Diesen Zeitfluß dürfen wir nicht verlassen, wir dürfen ihn sowenig versäumen wie einen abfahrenden Zug. Interessant anbei, wie sehr sich Metaphern aus dem Bereich der Eisenbahn, also aus der Frühzeit der Industrialisierung, zur Beschreibung dieser Zeitverhältnisse erhalten haben. Gesellschaftliche, ökonomische und technologische Entwicklungen werden zu Zügen, die abgefahren sind und auf die man höchstens noch schnell aufspringen kann, Projekte, die irreversibel sein sollen, werden auf Schiene gestellt, und den Gang der Globalisierung kann man so wenig aufhalten wie einen Zug. Zu spät zu kommen – das ist die fundamentale Angst unserer Epoche. Sie suggeriert, daß die Dinge ohnehin ihren Lauf nehmen und wir nur mitlaufen oder verlieren können. Die Maxime der Epoche lautet: Wir dürfen den Anschluß nicht versäumen. Nicht den Anschluß an die Globalisierung, nicht den Anschluß an die Weltspitze, nicht den Anschluß an die internationale Entwicklung, nicht den Anschluß an den Anschluß. Das Interessante ist, daß in allen Ländern, zumindest der EU, dasselbe behauptet wird: Immer sind die anderen schon weiter, und man selbst muß hinterher. Das hält die Menschen auf Trab, keine Frage.

Die Atmosphäre, die diese Struktur des permanenten Hinterherhechelns mit sich bringt, ist die allgegenwärtige Hektik. Hektik ist die ganz bei sich seiende, leerlaufende Betriebsamkeit, die sich selbst genügt. Die Kunst wäre: innehalten zu können und die Dinge zu tun, die dann getan werden müssen, wenn ihre Zeit gekommen ist. In einem kleinen Text, *Die Wechselwirtschaft* genannt, beschreibt ein pseudonymer Ästhetiker, hinter dem wir den dänischen Philosophen Sören Kierkegaard vermuten dürfen, was es heißt, ein Leben nach ästhetischen Grundsätzen zu führen. In diesem *Versuch einer sozialen Klugheitslehre* geht Kierkegaard in ironischer Weise von dem Grundsatz aus, daß «alle Menschen langweilig sind».[39] Zeit erscheint also vorab als Negativum. Sie ist eine Leere, die gefüllt werden muß. Gegen diese Langeweile empfiehlt Kierkegaard, wie in der Landwirtschaft, eine «Wechselwirtschaft», also ein Höchstmaß an Abwechslung: «Das Verfahren, das ich vorschlage, liegt [...] wie bei der echten Wechselwirtschaft im Wechsel des Anbauverfahrens und der Samenarten.»[40] Solche Abwechslung allerdings ist selbst eine Kunst, die mehrere, vielleicht überraschende Voraussetzungen hat: einmal die Fähigkeit zur Selbstbegrenzung und die Aufgabe aller Hoffnung. Hoffnung aber ist nur ein anderes Wort für Zukunft. Denn nur wer dies beherzigt, nur wer auf Zukunft verzichtet, wird wirklich kreativ: «Wer einsam auf Lebenszeit gefangen liegt, ist überaus erfinderisch, eine Spinne kann ihm zur Unterhaltung dienen [...] Erst wenn man die Hoffnung über Bord geworfen hat, erst dann hebt man an, künstlerisch zu leben; solange man hofft, vermag man nicht, sich zu begrenzen.»[41] Nicht die Zerstreuung durch Überfluß verschafft also die wirkliche ästhetische Abwechslung, sondern äußerste Konzentration und Askese. Die Abwechslungen, die uns die neuen Medien bieten, die *Unterhaltungen*, sind das Gegenteil solcher Fülle der Zeit.

An einer anderen Stelle hat Kierkegaard denjenigen, der sich aus den Fängen der Zeit nicht befreien kann, der entweder in der Vergangenheit als Erinnerung oder in der Zukunft als Hoffnung lebt, den «Unglücklichsten» genannt. «Der Unglückliche ist nun einer, der auf die eine oder andere Weise sein Ideal, seines Lebens Inhalt, seines Bewußtseins Fülle, sein eigentliches Wesen außerhalb seiner selbst hat. Der Unglückliche ist allzeit abwesend von sich selbst, niemals sich selber gegenwärtig. Abwesend aber kann man offenbar sein entweder in der Vergangenheit oder in der Zukunft.»[42] Diese Beobachtung ist aufschlußreich: psychologisch und existentiell. Wirklich gelebte Subjektivität tendiert dazu, die Vergangenheit durchzustreichen und die Zukunft nicht vorwegzunehmen. Umgekehrt können die Last der Vergangenheit und das Hoffen auf eine Zukunft – oder die Angst vor einer Zukunft – zu eben jener paralysierten Stimmung führen, die für Kierkegaard in Anlehnung an Hegel für das «unglückliche Bewusstsein» kennzeichnend ist. Dieser Gedanke ließe sich vielleicht sogar verallgemeinern. Kulturen, so könnte man mit Kierkegaard etwas gewagt folgern, die prinzipiell einem Fortschrittsprinzip anhängen, also ihre Vergangenheit immer mit Blick auf die Zukunft überbieten müssen, sind *unglückliche* Kulturen. Da Zukunft, anders als ein Ziel, nie erreicht werden kann, sind solche Kulturen auch prinzipiell gehetzte Kulturen: gefangen vom Anblick eines Horizonts, der vor ihnen stets zurückweicht. Klassische Tugenden wie Gelassenheit oder Muße mutieren in diesen Gesellschaften zu Sünden ersten Ranges, wer nicht ständig in Bewegung ist, offen für das Neue und unzufrieden mit dem Erreichten, bereit zum Lernen und verpflichtet auf Wachstum, macht sich verdächtig. Entgegen der unermüdlich wiederholten Behauptung, daß das Glück genau darin besteht, sich diesen Ansprüchen der Zukunft zu stellen, bedeutet dies, das gelebte Leben in Hinblick auf das Kommende zu entwerten. Noch darin steckt eine verwandelte christliche Botschaft: Ohne Zukunft bist du nichts.

Das gebannte Starren auf die Zukunft könnte nur entschärft werden, wenn man dieser Hoffnung nicht ausgeliefert wäre, sondern sie gestalten könnte. Kierkegaard selbst hat sich zeitlebens mit solch einer Möglichkeit auseinandergesetzt. Könnte vielleicht eine Zukunft glücklich genannt werden, die nicht offen ist, sondern etwas, das schon einmal war, in produktiver und gestaltender Weise «wiederholt»? Kierkegaard hat dieser Frage unter dem Titel *Die Wiederholung* eine kleine, 1843 unter dem Pseudonym Constantin Constantius erschienene Schrift gewidmet. Es ging ihm in diesem *Versuch in der experimentierenden Psychologie* vorab darum, die Wiederholung als eine lebensweltliche, existentielle, ja ethische Kategorie zu fassen. Natürlich: Das Leben besteht in hohem Maße aus Wiederholungen, jenen Handlungen des Alltags, die wir immer wiederholen und wiederholen müssen, bis hin zu den automatisiert ablaufenden Gewöhnungen und Gewohnheiten. Nicht das aber interessiert Kierkegaard, sondern die bewußte Wiederholung, ja, er fragt sich, ob nicht Bewußtsein überhaupt auch eine Form der Wiederholung der Wirklichkeit sei, zumindest in dem Sinne, in dem wir in der Erinnerung imstande sind, etwas Geschehenes zu wiederholen: «*Wiederholung* ist ein entscheidender Ausdruck für das, was *Erinnerung* bei den Griechen gewesen ist. Gleich wie diese gelehrt haben, daß alles Erkennen ein sich Erinnern sei, ebenso wird die neuere Philosophie lehren, daß das ganze Leben eine Wiederholung ist ... Wiederholung und Erinnerung sind die gleiche Bewegung, nur in entgegengesetzter Richtung; denn wessen man sich erinnert, das ist gewesen, wird rücklings wiederholt; wohingegen die eigentliche Wiederholung eine Sache vorlings erinnert. Daher macht die Wiederholung, falls sie möglich ist, den Menschen glücklich, indessen die Erinnerung ihn unglücklich macht, unter der Voraussetzung nämlich, daß er sich Zeit nimmt zu leben und nicht schnurstracks in seiner Geburtsstunde einen Vorwand zu finden trachtet, sich aus dem Leben wieder davonzustehlen, z. B. weil er etwas vergessen habe.»[43]

Beachtenswert ist an dieser zentralen Stelle wohl nicht nur die eigenwillige Formulierung, sondern auch die Ironie, mit der Kierkegaard den existentiellen Charakter der Wiederholung unterstreicht. Nicht um Erinnern als Bewußtseins- oder Gedächtnisleistung geht es, sondern um eine in der Zukunft gelebte Vergangenheit. Das Wesen dieser Wiederholung am Beispiel der Liebe – also der Wiederholung einer erotischen Konstellation – beschreibt dann Kierkegaard mit Worten, die in ihrer Mischung aus Poesie und Ironie auch schlagartig klar machen, inwiefern es sich dabei um eine veritable Zukunftsstrategie handelt: «Die Liebe der Wiederholung ist in Wahrheit die einzig glückliche. Sie kennt ebenso wie die der Erinnerung nicht die Unruhe der Hoffnung, nicht die beängstigende Abenteuerlichkeit der Entdeckung, aber auch nicht die Wehmut der Erinnerung, sie hat des Augenblicks selige Sicherheit. Die Hoffnung ist ein neues Kleid, steif und stramm und glänzend, man hat es jedoch niemals angehabt und weiß darum nicht, wie es einen kleiden wird oder wie es sitzt. Die Erinnerung ist ein abgelegtes Kleid, welches, so schön es ist, nicht mehr paßt, da man aus ihm herausgewachsen ist. Die Wiederholung ist ein unverschleißbares Kleid, welches zart und fest sich anschmiegt, weder drückt noch schlottert [...] Es gehört Jugend dazu, um zu hoffen, Jugend dazu, um sich zu erinnern, aber es gehört Mut dazu, die Wiederholung zu wollen. Wer nichts als hoffen will, ist feige; wer nichts als sich erinnern will, ist wollüstig; wer aber die Wiederholung will, der ist ein Mann, und je gründlicher er es verstanden hat, sie sich klar zu machen, ein umso tieferer Mensch ist er [...], denn die Hoffnung ist eine lockende Frucht, die nicht satt macht, die Erinnerung ist ein kümmerlicher Zehrpfennig, der nicht satt macht; die Wiederholung aber ist das tägliche Brot, welches satt macht und dabei segnet. Wenn man das Dasein umschifft hat, so wird sich zeigen, ob man Mut hat, zu verstehen, daß das Leben eine Wiederholung ist, und Lust hat, sich an ihr zu freuen.»[44]

Durch diese Beschreibung wird die Wiederholung nicht als Mittleres zwischen der Erinnerung und der Hoffnung, zwischen Vergangenheit und Zukunft plaziert, sondern als die entscheidende existentielle Alternative. Abgesehen davon, daß Kierkegaard hier die böse Bemerkung von Günther Anders, daß Hoffnung nur ein anderes Wort für Feigheit sei[45], vorwegnimmt und damit eine christliche Tugend denunziert, abgesehen davon, daß er die Erinnerung als wollüstige Form eines nicht mehr gelebten Lebens dechiffriert, wird die Wiederholung hier vorerst einmal zu einer entscheidenden *ethischen* Kategorie: denn sie ist es, die das glückliche, das wesentliche, das gute Leben ermöglicht. Dies gelingt der Wiederholung als einer ganz spezifischen Form der Strukturierung von Lebenszeit – einer Zeit also, die weder in der Kontingenz der eintretenden Ereignisse noch in der Unverrückbarkeit des je schon Gewesenen aufgeht. Nicht reine Zukunft, aber auch nicht reine Vergangenheit – eben Gegenwart, des Augenblicks selige Sicherheit: «Ja, gäbe es keine Wiederholung, was wäre dann das Leben? Wer möchte sich denn wünschen, eine Tafel zu sein, auf welche die Zeit jeden Augenblick eine neue Schrift setzt, oder eine Gedächtnisschrift zu sein auf das Vergangene? Wer möchte sich wünschen, sich von all dem Flüchtigen, dem Neuen bewegen zu lassen, das immer von neuem weichlich die Seele vergnügt? [...] Die Wiederholung, sie ist die Wirklichkeit und des Daseins Ernst.»[46]

Zumindest psychologischen Scharfsinn wird man Kierkegaard nicht absprechen können. Die Unmöglichkeit, sich jeden Moment dem Neuen, Unerwarteten, Fremden zu überlassen, ist von ihm ebenso erkannt wie die Tristesse eines erstarrten Lebens, das nur noch in seinen Erinnerungen kramt. Die Wiederholung, deren Struktur Kierkegaard noch verfeinern wird, stellt so aber auch die entscheidende existentielle Kategorie zur Herausbildung von Identität dar. Die schillernde Rede vom Umschiffen des Daseins und von des Daseins Ernst bezieht sich auf die Lebensmöglichkeit eines Subjekts. Erst wenn die Wiederholung als gelebte möglich wird, ist es überhaupt sinnvoll, von Identität zu sprechen – denn sowohl reine Zukunft als auch reine Vergangenheit, also Hoffnung und Erinnerung, zerstören Identität: Im ersten Fall wird sie durch die Zeit gleichsam pulverisiert, im zweiten Fall versteinert. Erst in der gelebten Wiederholung wüßte sich ein Subjekt als ein und dasselbe: «Wenn man sagt, daß das Leben eine Wiederholung ist, so sagt man: das Dasein, welches da gewesen ist, tritt jetzt ins Dasein. Wenn man die Kategorie [...] der Wiederholung nicht besitzt, so löst das ganze Leben sich auf in leeren und inhaltlosen Lärm.»[47]

Erst die Wiederholung einer Handlung, einer Geste, einer Tat, einer Entscheidung, einer Beziehung verleiht den Dingen des Lebens ihren entscheidenden Sinn. Es ist die Möglichkeit des zweiten Mals, die nicht nur darüber befindet, daß etwas fortgesetzt werden kann, wodurch es Sinn und Gewichtigkeit bekommt, sondern auch dem ersten Mal seine oft sentimentale Aura verleiht. Was wirklich nur einmalig ist, ist zufällig und letztlich kontingent gewesen – es hätte auch nicht sein können. Den Wert von einmaligen Ereignissen wird man nie bestimmen können, denn erst die Wiederholung schafft eine Differenz, die einen wertenden Vergleich zuläßt. Mit Recht hat deshalb Gilles Deleuze in der Differenz den entscheidenden Korrespondenzbegriff zur Wiederholung gesehen.[48] Die vollkommene Wiederholung, die identische Reproduktion eines Ereignisses, ist aus eben diesem Grund von mangelnder Faszinations- und Aussagekraft. Die von seinem Vorbild nicht mehr unterscheidbare Kopie wiederholt dieses nicht in einem emphatischen Sinn, sondern stellt es nur noch einmal her. Sie gehorcht den Gesetzen der Serialität, nicht den Möglichkeiten der Wiederholung. Um dies an einem Beispiel zu verdeutlichen:

Wer von einem Film nur noch eine weitere Kopie herstellt, wiederholt diesen nicht; wer ein Remake inszeniert – mit anderen Schauspielern, anderer Technik, vielleicht sogar einem anderen ästhetischen Zugang – wiederholt den Film und läßt sich dadurch auf das Spiel der Differenz, das einen Vergleich und eine Wertung ermöglicht, ein. In gewissem Sinn ist unter dieser Perspektive alle Kunst Wiederholung – sogar in einem doppelten Sinn. Einmal wiederholt sie die Wirklichkeit, wie verfremdet auch immer, und zum anderen wiederholt sie sich selbst – aber in Differenz zu sich. Jeder Künstler, der ein schon vorhandenes Sujet, eine Technik, einen Stoff, ein Motiv noch einmal in Angriff nimmt, wiederholt, weiß, daß alles davon abhängen wird, in der Wiederholung eine entscheidende Differenz und in der Differenz die Wiederholung sichtbar zu machen. Gelingt ersteres nicht, bleibt es bei der epigonalen Kopie; ist der Aspekt der Wiederholung nicht mehr zu erkennen, bleibt das übrig, was Immanuel Kant einmal «originalen Unsinn» nannte – eine Einmaligkeit, die letztlich bedeutungslos bleibt. Gerade der in der Moderne so hoch geschätzte Begriff der Innovation ist so von der Wiederholung, von Mimesis und Imitatio nicht zu trennen. Die von wirtschaftsnahen Schulreformern neuerdings mit Pathos verkündete Maxime, daß das Lernen durch Imitation nun durch ein Lernen durch Innovation abgelöst werden müsse, wolle man im Wettbewerb bestehen[49], zeugt von einer Gedankenlosigkeit, die nur dadurch erklärbar ist, daß die Protagonisten dieser Zukunftsrhetorik den Glauben an ihre geistige Wettbewerbsfähigkeit schon längst aufgegeben haben.

Daß Kierkegaard die Wiederholung als existentielle Kategorie zwischen der Hoffnung und der Erinnerung plaziert, ließe sich durchaus auch zeitkritisch aktualisieren. Nur auf das Neue und Erlösende der Zukunft zu setzen, nur auf das bisher noch nicht Geschehene zu hoffen und nichts von dem, was ist, wiederholen zu wollen, bedeutete letztlich, die Gegenwart und damit die eigene Existenz für nichtig zu erklären. Hoffnungs- und Erlösungspropheten aller Spielarten wirken deshalb auch so sauertöpfisch und misanthropisch, weil ihnen die Lust an der Gegenwart fehlt. Umgekehrt ist das Leben aus der Erinnerung eben keine aktive Wiederholung, sondern eine geborgte Wiederholung, eine selektive und illusionäre Repetition der Vergangenheit, die Kierkegaard wollüstig nannte, ein Schwelgen und Herumstochern in alten Geschichten, das in der Tat manchmal recht nervenaufreibend sein kann, auch dann, wenn dieses Erinnern aus den besten moralischen Absichten erfolgt.

Ethisch relevanter als die Erinnerung ist für Kierkegaard die Wiederholung oder zumindest die Möglichkeit der Wiederholbarkeit als Akt des einzelnen selbst. Wohl setzt diese Wiederholung in gewissem Maße die Erinnerung voraus, sie bleibt aber nicht dabei stehen. Denn was heißt, von einer Handlung ihre Wiederholung zu wollen, anderes, als diese Handlung für moralisch wünschenswert zu halten? Und was heißt es, von einer Handlung ihre Wiederholung zu fürchten, als sie für verwerflich zu halten? Es war ausgerechnet Friedrich Nietzsche, der in einer Variante seiner etwas mysteriösen Lehre von der ewigen Wiederkunft des Gleichen die Wiederholbarkeit zu der entscheidenden moralischen Maxime erhoben hatte: Handle so, daß du jederzeit die Wiederholung dieser Handlung wollen kannst. In der Formel «Ja, ich würde es wieder tun» hat sich das Alltagsbewußtsein übrigens dieser Maxime angeschlossen.

Nietzsche, so sagt man gerne, war der letzte Grieche. Kaum ein moderner Philosoph, der jenseits einer humanistischen Klassikerpflege so sehr die Gedankenwelt der Griechen ernst genommen hatte, wie der exzentrische Altphilologe. Nietzsches Zeitbegriff war dann auch von einem antiken Modell inspiriert: der Vorstellung einer zyklischen Zeit. Wir können wohl davon ausgehen, daß aufgrund der Primärerfahrungen von Tag und Nacht, Sommer und Winter, der Sonnenwenden bei vielen Völkern der Zeitablauf vor allem unter der Perspektive der Wiederkehr gedacht gewesen war. Riten, Feste und Traditionen stehen bis heute unter diesem Aspekt. So wie bestimmte Himmelskonstellationen wiederkehren, kehren auch damit akkordierte und meist religiös motivierte Feste wieder. Auch moderne und fortschrittsgläubige Menschen erfahren die Zeit schmerzhaft dann, wenn schon wieder ein Jahr vorüber ist, also eine Kreisbewegung sich geschlossen hat und sich ein rituelles Ereignis – ein Fest, ein Gedenken, ein Geburtstag – wiederholt.

Tatsächlich besteht das Leben der Menschen, dem starren Blick nach vorne zum Trotz, in hohem Maße aus Wiederholungen. Gemeint sind damit nicht nur die alltäglichen Verrichtungen, die sich stets gleichen, sondern auch die Zeitordnungen, nach denen man das eigene Leben und die Rhythmen sozialer Gemeinschaften ordnet: Es sind Wiederholungen, und erst wenn sich etwas wiederholen läßt, wird es verbindlich. Nietzsches Lehre von der ewigen Wiederkunft des Gleichen geht aber über solche Beobachtungen weit hinaus. Die zentrale Stelle dazu findet sich in *Also sprach Zarathustra*. Es ist übrigens nicht Zarathustra, der diese Lehre verkündet, sondern Zarathustras Tiere, Adler und Schlange, apostrophieren ihren Herrn als den Lehrer der ewigen Wiederkunft: «Siehe, wir wissen, was du lehrst: dass alle Dinge ewig wiederkehren und wir selber mit, und dass wir schon ewige Male dagewesen sind, und alle Dinge mit uns.» Was aber bedeutet dies? Die Tiere demonstrieren dies, nicht unironisch, an Zarathustra selbst. Was, wenn Zarathustra jetzt sterben wollte. Die Tiere legen Zarathustra folgende Worte in den Mund: «‹Nun sterbe und schwinde ich›, würdest du sprechen, ‹und im Nu bin ich ein Nichts. Die Seelen sind so sterblich wie die Leiber. Aber der Knoten von Ursachen kehrt wieder, in den ich verschlungen bin – der wird mich wieder schaffen! Ich selber gehöre zu den Ursachen der ewigen Wiederkunft [...] ich komme ewig wieder zu diesem gleichen und selbigen Leben, im Grössten und auch im Kleinsten, dass ich wieder aller Dinge ewige Wiederkunft lehre›». Anbei, Zarathustra ist, während ihn seine Tiere als Lehrer der ewigen Wiederkunft feiern, eingeschlafen.[50]

Nietzsche hat in einigen Notizen angedeutet, daß er diese Lehre durchaus als eine kosmologisch-physikalische Theorie versteht, die er auch mit dem Erhaltungssatz der Energie in Zusammenhang bringen wollte. Die Keimzelle der Lehre von der ewigen Wiederkunft war allerdings weniger kosmologischer als vielmehr ethischer Natur. In der *Fröhlichen Wissenschaft* trägt der 341. Aphorismus den Titel *Das grösste Schwergewicht,* und er lautet: «Wie, wenn dir eines Tages oder Nachts, ein Dämon in deine einsamste Einsamkeit nachschliche und dir sagte: ‹Dieses Leben, wie du es jetzt lebst und gelebt hast, wirst du noch einmal und noch unzählige Male leben müssen; und es wird nichts Neues daran sein, sondern jeder Schmerz und jede Lust und jeder Gedanke und Seufzer und alles unsäglich Kleine und Grosse deines Lebens muss dir wiederkommen, und Alles in der selben Reihe und Folge – und ebenso diese Spinne und dieses Mondlicht zwischen den Bäumen, und ebenso dieser Augenblick und ich selber. Die ewige Sanduhr des Daseins wird immer wieder umgedreht – und du mit ihr, Stäubchen vom Staube!› – Würdest du dich nicht niederwerfen und mit den Zähnen knirschen und den Dämon verfluchen, der so redete? Oder hast du einmal einen ungeheuren Augenblick erlebt, wo du ihm antworten würdest: ‹du bist ein Gott und nie hörte ich Göttlicheres!› Wenn jener Gedanke über dich Gewalt bekäme, er würde dich, wie du bist, verwandeln und vielleicht zermalmen; die Frage bei Allem und Jedem ‹willst du diess noch einmal und noch unzählige Male?› würde als das grösste Schwergewicht auf deinem Handeln liegen! Oder wie müsstest du dir selber und dem Leben gut werden, um nach Nichts mehr zu verlangen, als nach dieser letzten ewigen Bestätigung und Besiegelung?»[51] Nietzsches erste Fassung des Gedankens der ewigen Wiederkunft des Gleichen ließe sich auch als moralische Maxime fassen: Handle so, daß du deine Handlungen jederzeit wiederholen wollen könntest.

Es war übrigens Georg Simmel, der in einem 1906 erschienenen Aufsatz über *Nietzsche und Kant* genau aus diesem Grund Nietzsche in die Nähe seines Erzfeindes Kant gerückt hatte – denn der Dämon aus der *Fröhlichen Wissenschaft* verlangt genauso wie der Philosoph aus Königsberg eine Verallgemeinerbarkeit der Handlungsmaximen. Erst in der Möglichkeit, die Wiederholung einer Handlung zu wollen, zeigt sich deren moralische Dignität.

Die Lehre von der ewigen Wiederkunft hält für unsere Fragestellung einige schöne Pointen bereit. Sie löst, ganz nebenbei, das Rätsel der Zukunft. Das, was kommen wird, wird das sein, was war. Zukunft geschieht tatsächlich in dem Sinne, daß alles, was jetzt geschieht, sich einmal wiederholen wird. Um die Zukunft zu erkennen, bedarf es weder prophetischer Gaben noch prognostischer Talente, sondern es genügt die Einsicht in den ewigen Kreislauf des Werdens und Vergehens. Aus einer solchen Perspektive gibt es tatsächlich, wie es ausgerechnet im Alten Testament heißt, nichts Neues unter der Sonne. Einer Zeit wie der unsrigen, die sich die Zukunft offen und den Fortschritt unaufhaltsam denkt, muß solch eine Philosophie höchst suspekt, zumindest spekulativ erscheinen. Und in der Tat: Weder als geschichtsphilosophische noch als kosmologische Theorie hat dieses Konzept gegenwärtig besonders gute Karten. Dennoch kann es, mit der Nietzsche selbst nicht fremden ironischen Distanz, doch zumindest auf zwei Aspekte des Bedenkens von Zukunft aufmerksam machen. Einmal sind wir unter bestimmten Voraussetzungen von der Möglichkeit der Wiederkehr des Gleichen offenbar fasziniert: daß eine Vergangenheit sich wiederholen könnte, ja, daß eine Vergangenheit, die nicht bewältigt wurde, die Menschen geradezu dazu zwingt, sie zu wiederholen, gehört zum geschichtsphilosophischen Basisinventar der Gegenwart. Nur wird die Wiederkunft des Gleichen nicht beschworen, sondern gefürchtet. Politisch-moralisches Handeln steht unter dem Imperativ, alles zu tun, damit die Vergangenheit sich nicht wiederhole. Die kulturindustrielle Besessenheit, mit der die Möglichkeit dieser Wiederholung bei jeder Gelegenheit lustvoll heraufbeschworen wird, zeugt weniger vom Willen zum Neuen als von der Faszination der Wiederkunft. Gerade die Moderne, die alles hinter sich lassen will, wird von Nietzsches Dämon der ewigen Wiederkunft gehetzt. Zum anderen ließe sich dieser Dämon allerdings in durchaus kritischer Absicht in Dienst nehmen. Die Euphorie über den Fortschritt, der Glaube, daß wir und die zukünftigen Gesellschaften alles anders und neu machen würden, hindert uns mitunter daran, zu erkennen, was sich tatsächlich nicht ändert und unter dem Titel des Neuen nur wiederholt wird. Ob sich, sieht man von den Technologien einmal ab, in den entscheidenden Konstellationen des menschlichen Zusammenlebens etwas Neues ereignet oder ob sich diese nur in immer neuen Varianten und Gestalten wiederholen, ist selbst eine kulturphilosophisch höchst prekäre, aber auch faszinierende Frage. Daß bis heute emotionale, soziale und politische Konstellationen aus Mythen, historischen Überlieferungen, aus Kunst, Literatur oder Oper paradigmatisch genannt werden können, deutet zumindest an, daß immer mehr wiederkehrt, als uns vielleicht lieb ist. Ob es tatsächlich überhaupt nichts Neues unter der Sonne gibt, bleibe einmal dahingestellt.

Unter einer ausschließlich geschichtsphilosophischen Perspektive hat Nietzsches Lehre von der ewigen Wiederkunft des Gleichen allerdings noch eine Pointe: Sie befreit die Geschichte und damit das Dasein insgesamt davon, unbedingt ein Ziel und einen Sinn haben zu müssen. Wo sich alles wiederholt, wird die Frage nach einem Telos, einem Sinn, einem Zweck, einem Ziel selbst sinnlos. Weder müssen unter dieser Perspektive Zukünfte gestaltet werden, noch muß panisch oder euphorisch auf die Zukunft gewartet werden. Es geschieht, was geschieht und immer geschehen wird. Etwas von der in dieser Lehre mitschwingenden Gelassenheit wäre vielleicht den von der Zukunft gebeutelten Zeitgenossen zu wünschen. Es ist übrigens mit Recht darauf hingewiesen worden, daß Nietzsches Lehre von der ewigen Wiederkehr des Gleichen und der damit verbundene kühle Nihilismus und Skeptizismus aufs heftigste mit dem Pathos seiner eigenen Zukunftserwartungen kontrastierte. Der Künder des immer Gleichen verkündete gleichzeitig noch nie gesehene Kriege, Entscheidungsschlachten, Umwertungen, Untergänge und den kommenden Übermenschen: «Nichts ist bei Nietzsche so aufdringlich wie die ständige Betonung unseres schöpferischen Wesens, all dieses Zukunft-Schaffen und Erlösen-Wollen ist [...] völlig ungriechisch, unklassisch, unheidnisch [...] Keinem heidnischen Philosophen wäre es beigekommen, den ‹Übermenschen› zu lehren, am allerwenigsten Nietzsches Gewährsmann Heraklit: Er hätte das Projekt verworfen als höchste Form der Hybris.»[52]

Der faszinierende Gedanke der Wiederkehr durchzieht auch die wirkmächtige Lehre der Parusie, der Wiederkehr des Gottes. Auch der Antike war die Vorstellung eines in der Zukunft wiederkehrenden Gottes nicht fremd gewesen, es war Dionysos, der als ein Gott gedacht wurde, der immer wieder geopfert, von seinen Anhängern und Anhängerinnen zerstückelt und verzehrt wurde, um dann wiederzukehren. Möglich, daß dieser auch durch entsprechende Rituale geordnete Zyklus auf das Christentum einwirkte, und sowohl in der Transsubstantiation des Abendmahls – Brot und Wein werden zu Fleisch und Blut – als auch in der Erwartung des Gekreuzigten etwas von diesem griechisch-vorderasiatischen Dionysos-Mythos aufbewahrt ist. Die Romantiker immerhin parallelisierten Jesus und Dionysos[53], und Nietzsches Denkens ist geradezu programmatisch vom dionysischen Gedanken durchzogen. Allerdings verschiebt sich durch die christliche Variante die geschichtsphilosophische Perspektive in entscheidender Weise. Während die Wandlung des Dionysos in den ewigen Zeitlauf eingebettet ist, wird sie bei Jesus zu einem historisch einmaligen Ereignis, das seine Schatten in die Zukunft vorauswirft. Die erwartete Wiederkehr ist nun keine zyklische Episode mehr, sondern der große Paukenschlag, die Finalisierung der Geschichte, das Ende der Zeiten. Damit gewinnt die Bereitschaft für diesen «kommenden Gott» eine ganz andere Dimension, für ihn bereit sein heißt auch für das Ende bereit sein. Das Gleichnis der klugen und törichten Jungfrauen zielte gerade auf diese Einmaligkeit und Unwiederholbarkeit eines alles entscheidenden zukünftigen Ereignisses. Unser Modell von

Zukunft kann – bei allen prophetischen, orakelhaften und utopischen Einsprengseln – als säkularisierte Version jenes kommenden Gottes gedeutet werden. Wir glauben an die Zukunft und erwarten uns von dieser das Heil und die Verdammnis, so wie die frühen Christen an die alles richtende Wiederkehr des Herrn geglaubt haben.

Was aber kehrt wirklich wieder? Die Moderne kennt auch die Rede von der Wiederholung als Fluch, von der Wiederkehr des Gleichen als einer Gefahr und vom Wiederholungszwang. Daß wir gezwungen sind, Dinge zu wiederholen, die wir gar nicht wiederholen wollen oder deren Wiederholung eine Katastrophe bedeutet, gehört zu den Grundeinsichten einer tiefenpsychologischen Ausdeutung des Menschen, die gerade in ihrer popularisierten Form bis ins Alltagsbewußtsein reicht. Von den Beziehungsmustern, die manche Menschen zu ihrem Unglück gezwungen sind, immer wieder zu wiederholen bis zu der These, daß eine Nation, die ihre Vergangenheit nicht aufarbeitet, gezwungen ist, die Geschichte zu wiederholen, reichen die negativen Assoziationen der Wiederholung. Bei dem Entdecker des «Wiederholungszwanges», bei Sigmund Freud selbst, kann man allerdings einige entscheidende Hinweise zum sublimen Zusammenhang von Wiederholung und Zukunft finden.

In einem Aufsatz mit dem rätselhaften Titel *Jenseits des Lustprinzips* aus dem Jahr 1920 hatte Freud sich mit diesem Problemkomplex zentral auseinandergesetzt. Ausgangspunkt seiner Überlegungen bildete der beobachtbare *Wiederholungszwang* im Triebleben – die Rückkehr zu immer wieder erlebten Handlungsmustern auch dann, wenn das

Lustprinzip offenkundig dadurch verletzt erscheint, und er fragte sich: «Auf welche Art hängt aber das Triebhafte *mit dem Zwang zur Wiederholung* zusammen? Hier muß sich uns die Idee aufdrängen, daß wir einem allgemeinen, bisher nicht klar erkannten – oder wenigstens nicht ausdrücklich betonten – Charakter der Triebe, vielleicht alles organischen Lebens überhaupt, auf die Spur gekommen sind. *Ein Trieb wäre also ein dem belebten Organischen innewohnender Drang zur Wiederherstellung eines früheren Zustandes,* welchen dies Belebte unter dem Einflusse äußerer Störungskräfte aufgeben mußte, eine Art von organischer Elastizität, oder wenn man will, die Äußerung der Trägheit im organischen Leben.»[54] Triebe, so Freud, haben also prinzipiell einen beharrenden, konservativen, ja regressiven Charakter; ihr letztes Ziel, das «Endziel alles organischen Strebens» ist nicht die Evolution zu etwas Neuem, sondern die Rückkehr zu etwas Altem, seine Wiederholung: «Auch dieses Endziel alles organischen Strebens ließe sich angeben. Der konservativen Natur der Triebe widerspräche es, wenn das Ziel des Lebens ein noch nie zuvor erreichter Zustand wäre. Es muß vielmehr ein alter, ein Ausgangszustand sein, den das Leben einmal verlassen hat und zu dem es über alle Umwege der Entwicklung zurückstrebt. Wenn wir es als ausnahmslose Erfahrung annehmen dürfen, daß alles Lebende aus *inneren* Gründen stirbt, ins Anorganische zurückkehrt, so können wir nur sagen: *Das Ziel alles Lebens ist der Tod,* und zurückgreifend: *Das Leblose war früher da als das Lebende.*»[55] Der konservative Charakter des Triebes zwingt uns zur Wiederholung. Das, was wir Zerstörung, Destruktivität, Aggressivität nennen, könnte unter diesen Aspekten als eine Variante der Wiederholung gedeutet werden: Wiederherstellung eines ursprünglichen Zustandes: Wo nichts war, soll wieder nichts sein.

Freuds Hypothesen von Todestrieb und Wiederholungszwang haben wenig Anklang gefunden. Einer Zeit, die kraft ihrer technischen Emphase mehr denn je das Unsterblichkeitsphantasma beschwört und dabei auf das Neue, noch nicht Eingetretene, Erstmalige setzt, muß die Vorstellung, daß wir nicht nach vorne gehen, sondern in längst vergangene Zustände zurückkehren müssen, auch tatsächlich inkompatibel sein. In einem biblischen Sinn lebt der Zukunftsoptimismus unserer Tage davon, daß das Unglaubliche geschehen wird. Die Technikmagazine aller Fernsehsender führen uns deshalb auch täglich die ersten Anzeichen dieses Unglaublichen vor, die Animationsfilme zeigen uns schon jetzt, wie die Menschen im Jahre 2050 oder später leben werden. Angesichts der Gewißheit und Inbrunst, mit der diese Zukünfte verkündet werden, fragt man sich dann manchmal, ob es sich denn überhaupt lohnt, das auch noch erleben zu wollen, was ohnehin schon sicher erscheint. Gerade angesichts dieser Bilder verspricht die Zukunft nicht mehr zu sein als die banale Wiederholung dessen, was ohnehin schon immer in den *Dokufictions* zu sehen war.

In der Tat ist das Erlösungspotential der Zukunft paradox: Bringt die Zukunft das Neue, können wir nichts davon wissen und müssen schlicht an dessen Möglichkeit glauben; könnten wir die Zukunft prognostizieren oder uns ausmalen, wäre es keine Zukunft mehr, sondern eine Wiederholung ihrer Antizipationen. Die radikale Einsicht Sigmund

Freuds bestand demgegenüber darin, im Leben selbst überhaupt keinen offenen Prozeß, sondern ein Programm der Rückkehr zum Toten gesehen zu haben, das sich über die Mechanismen der biologischen Evolution allerdings die unterschiedlichsten Gestalten und Formen geben kann. Leben heißt Sterben lernen – diese Weisheit der Stoiker, die nie von Melancholie oder Todesbesessenheit getragen war, gilt auch unter modernen Bedingungen. Damit aber schließt sich ein Kreis. Wir haben Zukunft, weil wir wissen, daß wir keine Zukunft haben. Wir leben, weil wir wissen, daß wir sterben werden. Wir blicken nach vorne, weil wir wissen, daß uns dort das Ende erwartet. Und wir glauben an die Zukunft, weil wir kein anderes Heil, keine Erlösung vom Tode mehr zu erwarten haben. Wir hoffen auf einen Bräutigam, den wir alle schon kennen, weil er unseres Geistes Kind ist. Und doch schafft diese Hoffnung immer neue Varianten von Öllampen, mit denen wir uns auf das Kommen vorbereiten wollen. Und manchmal verwechseln wir den erbitterten Kampf um das Öl und die kühnen technischen Verbesserung der Lampen mit der erlösenden Ankunft des Bräutigams.

Wo nichts war, soll wieder nichts sein. Daß wir dies wissen, das ist die Zukunft. Fit für die Zukunft ist, wer sich diesem Wissen stellen kann. Denn dieses Wissen erlaubt uns, uns um das einzige angemessen zu kümmern, was uns wirklich zur Verfügung steht: das Leben. Das Hier und Jetzt. Die Gegenwart.

EDITORISCHE NACHBEMERKUNG

Der vorliegende Text geht im wesentlichen auf die Vorle-
sungsreihe «Zukunft. Über säkulare Heilserwartungen» zurück, die der Autor im Herbst 2006 an der Akademie Graz
gehalten hat. Der Abschnitt über die bereiste Zukunft stellt
eine gekürzte Fassung folgenden Aufsatzes dar: Konrad Paul
Liessmann: *Zum Raum wird hier die Zeit*. Kleine Geschichte der Zeitreisen. In: Thomas Macho/Annette Wunschel
(Hsg.): Science & Fiction. Über Gedankenexperimente in
Wissenschaft, Philosophie und Literatur. Frankfurt/Main:
Fischer 2004, S. 209–230.

1 Mathias Horx: Anleitung zum Zukunfts-Optimismus. Warum die Welt nicht schlechter wird. Frankfurt/Main: Campus 2007

2 Peter Sloterdijk: Zorn und Zeit. Frankfurt/Main: Suhrkamp 2006, S. 97

3 Sloterdijk, Zorn und Zeit, S. 98

4 Aurelius Augustinus: Bekenntnisse. Eingeleitet und übertragen von Wilhelm Thimme. Stuttgart: Reclam, 1977, S. 331

5 Augustinus, Bekenntnisse, S. 333

6 Augustinus, Bekenntnisse, S. 340

7 Niklas Luhmann: Soziale Systeme. Grundriß einer allgemeinen Theorie. Frankfurt/Main: Suhrkamp 1984, S. 116f.

8 Zit. nach Alois Hahn: Erinnerung und Prognose. Zur Vergegenwärtigung von Vergangenheit und Zukunft. Opladen: Leske+Budrich 2003, S. 25

9 Georges Minois: Geschichte der Zukunft. Orakel – Prophezeiungen – Utopien – Prognosen. Düsseldorf: Artemis & Winkler 1998

10 Minois, Geschichte der Zukunft, S. 80

11 Minois, Geschichte der Zukunft, S. 443

12 Minois, Geschichte der Zukunft, S. 111f.

13 G. W. F. Hegel: Phänomenologie des Geistes. Werke in zwanzig Bänden, Frankfurt/Main: Suhrkamp 1970, Bd. 3, S. 24

14 G. W. F. Hegel: Grundlinien der Philosophie des Rechts. Werke in zwanzig Bänden, Frankfurt/Main: Suhrkamp 1970, Bd. 7, S. 28

15 Francis Fukuyama: Das Ende der Geschichte. Wo stehen wir? München: Kindler 1992

16 Karl Marx / Friedrich Engels: Manifest der kommunistischen Partei. MEW 4, S. 465f.

17 Alois Hahn, Erinnerung und Prognose, S. 35

18 Mathias Horx: Die acht Sphären der Zukunft. Ein Wegweiser in die Kultur des 21. Jahrhunderts. Wien: Almathea 2002, S. 333

19 Mathias Horx: Zukunft passiert: Glücksunterricht. Die Presse, 22. 4. 2006

20 Hahn, Erinnerung und Prognose, S. 37

21 Niklas Luhmann: Soziologie des Risikos. Berlin: de Gruyter 1991, S. 41ff.

22 Gereon Uerz: Übermorgen. Zukunftsvorstellungen als Elemente der gesellschaftlichen Konstruktion der Wirklichkeit. München: Fink 2006, S. 39ff.

23 Richard Wagner: Parsifal. Ein Bühnenweihfestspiel (1877), 1. Aufzug, Gralsburg. In: R. Wagner, Dichtungen und Schriften, Jubiläumsausgabe in zehn Bänden, hrsg. von Dieter Borchmeyer, Frankfurt/Main: Insel 1983, Band 4, S. 28ff

24 Vgl. dazu Michio Kaku: Im Hyperraum. Eine Reise durch Zeiträume und Paralleluniversen. Reinbek bei Hamburg: Rowohlt 1998, S. 70ff.

25 H. G. Wells: Die Zeitmaschine. Eine Erfindung. Neu übersetzt von Peter Naujack. Zürich: Diogenes 1974, S. 30

26 Wells, Zeitmaschine, S. 99

27 Arthur Schopenhauer: Die Welt als Wille und Vorstellung II. Sämtliche Werke, Bd. II, hrsg. von Wolfgang Frhr. von Löhneysen, Frankfurt/Main: Suhrkamp 1986, S. 11

28 Friedrich Nietzsche: Ueber Wahrheit und Lüge im außermoralischen Sinne. Kritische Studienausgabe (KSA), hg. von Giorgio Colli und Mazzino Montinari, München: dtv 1980, Band 1, S. 875

29 Vgl. dazu J. Richard Gott III: Zeitreisen in Einsteins Universum. Reinbek bei Hamburg: Rowohlt 2003, S. 46ff.

30 Stephen Baxter: Zeitschiffe. Aus dem Englischen von Martin Gilbert. München: Heyne, 2002, S. 44

31 Baxter, Zeitschiffe, S. 241

32 Kaku, Hyperraum, S. 284

33 Kaku, Hyperraum, S. 285ff.

34 Vgl. dazu Gott, Zeitreisen, S. 95ff.

35 Günther Anders: Pathologie de la Liberté. In: Recherches Philosophiques 6/1936, S. 38 (Unter: Günther Stern: Übersetzung aus dem Französischen: Werner Reimann)